Für Karin

David Andreas Roth

LASS LOS
und pack zu!

Männer mitten
im Leben ergreifen
ihre Chancen

neukirchener
aussaat

MIX
Papier aus verantwortungsvollen Quellen
FSC® C006701

Dieses Buch wurde auf FSC®-zertifiziertem Papier gedruckt.
FSC (Forest Stewardship Council®) ist eine nichtstaatliche, gemeinnützige Organisation, die sich für eine ökologische und sozialverantwortliche Nutzung der Wälder unserer Erde einsetzt.

Bibliografische Information der Deutschen Nationalbibliothek

Die Deutsche Nationalbibliothek verzeichnet diese Publikation in der Deutschen Nationalbibliografie; detaillierte bibliografische Daten sind im Internet über http://dnb.d-nb.de abrufbar.

Umschlaggestaltung: Andreas Sonnhüter, Düsseldorf
Lektorat: Simon Schild, Krefeld
DTP: Typomedia GmbH, Ostfildern
Verwendete Schriften: Kontrapunkt, Metroflex, Myriad Pro
Gesamtherstellung: CPI books, Ebner & Spiegel, Ulm
Printed in Germany
ISBN 978-3-7615- 5855-3

www.neukirchener-verlage.de

INHALT

Gebrauchsanleitung 7

Kapitel 1: Mose und die Zweidrittler 9

Kapitel 2: Die neuen Alten 20

Kapitel 3: Eine spirituelle Herausforderung 32

Kapitel 4: Das Ende der Festlegungen. 49

Kapitel 5: Einsprüche und Widersprüche 63

Kapitel 6: Lass los und pack zu 80

Kapitel 7: Neues Leben. 90

Kein Schlusswort, sondern ein Wunsch. 104

Männer lesen nicht. Dieser Satz ist nicht wahr. Männer interessieren sich immer nur für den nächsten Schritt. Auch das ist nicht wahr. Und erst recht nicht wahr ist, dass Männer, die 50 sind, nicht rechnen können. Sie können es. Und sie wissen, dass sie mit 50 nicht „in der Mitte des Lebens sind". Statistisch gesehen liegen mit 50 etwa zwei Drittel der Lebenszeit hinter uns Männern. Das ist wahr. Und wahr ist auch, dass Männer lesen, wenn das Thema für sie interessant ist und das Buch nicht dicker als nötig. Wahr ist, dass Männer vorausplanen und sich Gedanken über die Zukunft machen. Aber sie wollen es nicht aus einer Position der Schwäche heraus tun.

Dieses Buch ist etwas für Sie, wenn Sie ein Mann sind und etwa 50 Jahre alt. Dieses Buch ist etwas für Sie, wenn Sie wollen, dass Ihr Leben eines Tages nicht nur endet, sondern einen Sinn hatte. Sie müssen also nicht in einer Krise stecken, um dieses Buch zu lesen. Es reicht, wenn Sie hoffen, dass mit mit 50 nicht alles vorbei ist.

Als ich anfing, dieses Buch zu schreiben, stieß ich auf eine alte biblische Geschichte, die Geschichte von Mose. Das ist der Mensch, der das Volk Israel aus Ägypten heraus geführt hat. Von ihm werden viele Geschichten erzählt. Für mich spannend war die Geschichte, wie es zu diesen vielen Geschichten gekommen ist. Es ist die Geschichte vom brennenden Dornstrauch in der Wüste, an dem Mose sein Leben noch einmal ganz neu ausrichtet: Der Mann ist nicht mehr der Jüngste. Das, was er erlebt – oder durchlebt – ist dennoch das alles entscheidende Erlebnis, die radikale Neuerfindung seines Lebens.

Wenn Sie ein Mann sind, etwa 50 Jahre alt und interessiert daran, dass Ihr Leben Sinn „macht", dann ist diese Geschichte so etwas wie die Lebenserfahrung eines älteren Freundes. Für mich hat sie diese Bedeutung, wundern Sie sich also nicht, wenn ich selbst immer wieder sehr persönlich werde und Ihnen Einblick auch in mein Leben gebe.

KAPITEL 1: MOSE UND DIE ZWEIDRITTLER

Männer zwischen 40 und 50 haben eine Chance, die Weichen für ihr Leben noch einmal neu zu stellen. Das dritte Drittel ihres Lebens liegt vor ihnen. Für diese „Zweidrittler“ liegt sehr viel Weisheit in der alten Geschichte über die Berufung von Mose. Diese biblische Geschichte hatte von Anfang an eines weiterzugeben: Gib dich nicht vor dem Ziel auf, sondern brich auf! Schließ dein Leben nicht ab, sondern vollende es! Was zu manchen Zeiten selbstverständlich war, muss der Mann am Anfang des 21. Jahrhunderts dabei erst wiedergewinnen: Ein spirituelles Gespür für den Sinn seines Daseins. Das lohnt sich. Der Zweidrittler, der sein Leben bewusst gestaltet, hat ein erfülltes Leben – bis es vollendet wird.

Wir schreiben ungefähr das Jahr 1210 vor Christus. Mose hütet das Kleinvieh seines Schwiegervaters Jitro. Er ist in der Wüstengegend rund um den Berg Horeb, östlich des Golfs von Akaba, da sieht er einen brennenden Dornstrauch. Nichts Ungewöhnliches, bei dieser Hitze kann ein Busch in der Wüste schon einmal anfangen zu brennen. Doch dieser Strauch verbrennt nicht! Das Interesse von Mose ist geweckt. Er geht näher an das seltsame Phänomen heran – und plötzlich hört er aus dem Busch heraus eine Stimme, die seinen Namen ruft: „Mose, Mose!“

So beginnt die Geschichte, die das Leben von Mose noch einmal komplett umkrempeln wird. Er wird eine neue Aufgabe bekommen, er wird ein neues Lebensumfeld bekommen und er wird ein ganz neues Selbstbewusstsein bekommen. Er wird Dinge tun, die er sich nie im Leben zugetraut hätte. Er wird über sich selbst hinauswachsen.

Das Besondere daran: Die Bibel berichtet, dass er bereits zwei Drittel seines Lebens hinter sich hat, als diese Episode in der Wüste sein Leben verändert. Für das letzte Drittel seines Lebens bekommt er noch einmal richtig Rückenwind. Er ist gefragt und gewollt. Er soll sein Leben, so entwickelt sich die Geschichte weiter, nicht auslaufen lassen, sondern erst richtig ins Rollen bringen.

Die Bibel erzählt die Geschichte, wie Mose dazu kam, sein Leben noch einmal neu zu erfinden, sehr ausführlich. Seit Jahrtausenden wird die Geschichte weitergetragen. Wozu? Ganz einfach: Sie ist eine Ermutigung für alle, die in das letzte Drittel ihres Lebens hinein leben.

Es ist eine Weisheitsgeschichte. Die Geschichte einer positiv gebrochenen Biografie. Sie beantwortet Fragen, die viele Menschen im Laufe ihres fortschreitenden Lebens stellen: Soll das schon alles gewesen sein? Was bringt einen Menschen dazu, sich noch einmal aufzuraffen, aus dem gewohnten und sicheren Alltag herauszutreten und sich wieder neu auf den Weg zu machen? Wie wird das Leben auf der letzten Wegstrecke sinnvoll? Was braucht es dazu, dass ein Leben am Ende nicht nur abgeschlossen, sondern vollendet wird?

Auf solche existentiellen Fragen „antwortet" das heilige Buch der jüdischen und christlichen Gläubigen. Es antwortet mit Weisheit. Es antwortet nicht mit Statistiken und wissenschaftlichen Erkenntnissen. Es antwortet mit einer Geschichte. Genauer: Die Bibel antwortet mit der Biografie des Mose. Als Kind und Sprössling der Israeliten, einer ethnischen Minderheit in Ägypten, war er von seiner Mutter ausgesetzt worden, um der sicheren Ermordung durch die Machthaber zu entgehen. Die Babyklappe, in die er kam, war ein Schilfkorb. Der Schilfkorb wurde so auf das Wasser des Nils gesetzt, dass er mit seinem schreienden Passagier eine Chance hatte, von Menschen wahrgenommen zu werden. Durch taktisch kluges Timing seiner Ursprungsfamilie kam er in die Hände einer Verwandten des Pharaos, die den ungefährlich wirkenden Säugling an Kindesstatt aufnahm. Als Pflegekind am Hof des ägyptischen Königs hatte Mose Zugang zum Wissen seiner Zeit und lernte wohl auch die Zeremonien und Intrigen am Hof kennen. Seine Familie konnte zudem den Kontakt zu Mose halten, denn „zufällig" war da eine Amme, die der Verwandten des Pharao ihre Dienste anbieten konnte: Die Mutter des kleinen Mose.

Als verhältnismäßig junger Mann erschlägt Mose einen Folterer, der zuvor einen Hebräer, wie die Israeliten auch genannt werden, erschlagen hat. Die, die er damit schützen will, danken es ihm nicht. Vielmehr muss er fürchten, dass sie ihn bei nächster Gelegenheit verraten werden. Tatsächlich erfährt man am Königshof von seiner Tat und so flieht er nach Midian, an den Golf von Akaba und in die Arabische Wüste. Dort heiratet er und lebt so, wie man zu seiner Zeit eben so lebt. Und die Geschichte von Mose wäre buchstäblich im Sande verlaufen, hätte es da nicht die bemerkenswerte Begegnung in der Wüste gegeben – Gott begegnet ihm in einem brennenden Dornstrauch und gibt seinem Leben eine neue Wendung. Nachlesen können Sie die ganze Geschichte übrigens in der Bibel, im Alten Testament im Buch Exodus (Exodus 3,1 bis 4,17).

Sind Sie jetzt gespannt, was die Geschichte von Mose mit Ihnen zu tun hat? Die Geschichte am Dornstrauch ist eine spirituelle Ur-Erzählung, die uns nicht einfach dem Machbaren und dem Planbaren überlässt, sondern den Horizont öffnet für die Wirklichkeit hinter der Wirklichkeit.

Es würde für die Geschichtsüberlieferung des Volkes Israel völlig reichen, die Geschichte von Mose so zu erzählen, dass jeder weiß, dass er sich in der Wüste befand. Dort begegnete ihm Gott, der ‚HERR', stellte sich als Jahwe (Ich-bin-da) vor und schickte ihn los, sein Volk zu retten.

So knapp wird es aber nicht erzählt. Stattdessen werden jede Menge Details erwähnt, mehr als an irgendeiner anderen Stelle der Mose-Erzählungen. Es ist eine Erzählung, in der in jedem Detail sehr viel von der Erfahrung der Zweidrittler liegt.

Mose ist ein Typ, in dem sich Frauen wie Männer wiederfinden können. Jedes Detail lässt sich auch auf andere Menschen zu anderen Zeiten anwenden. Man muss diese Details nur aufmerksam wahrnehmen und in den richtigen Zusammenhang bringen, dann können sie Frauen wie Männern Mut machen.

Da, wo andere vom Abbau der Kräfte sprechen und den Anfang vom Ende beschwören, da spricht diese uralte Geschichte in ihrer Weisheit über Neubeginn. Wo andere über Ängste sprechen, da spricht sie ebenfalls über Ängste, aber auch darüber, wie sie überwunden werden. Wo andere über das Ende der Illusionen sprechen, da zeigt diese alte Geschichte einen Weg, an die Träume der Jugend anzuknüpfen – und sie mit der Weisheit des Alters auch umzusetzen.

Der Gott, der sich dem Mann Mose im brennenden Dornstrauch zeigt, ist ein Gott, wie man ihn sich nur wünschen kann. Er ist der Gott, der da ist, der nah ist, der Mose nicht allein lässt.

Nach dem biblischen Bericht ist Mose 80 Jahre alt, als der Dornstrauch brennt und er wird 120 Jahre alt – zugegeben, ein biblisches Alter. Weil ich Mose als Ur-Typ verstehe, nehme ich auch die Altersangaben als etwas, das sich urtypisch-leicht rechnen lässt: Zwei Drittel hat er hinter sich, ein Drittel hat er vor sich. Auf unsere bundesdeutschen Verhältnisse umgerechnet heißt das für Männer, die statistisch gesehen etwas mehr als 75 Jahre alt werden, dass sie mit 50 noch einmal neu durchstarten könnten. Für Frauen wäre der Zeitpunkt zum Take-Off auch mit 54 noch gut gewählt, denn sie werden durchschnittlich 81 Jahre alt.

Ich schreibe hier für Männer, weil die Entwicklung und die Lebenssituationen von Frauen und Männern gerade in der Zeit zwischen dem 40. und dem 50. Lebensjahr sehr unterschiedlich sind. Der Zugang von Frauen zu dieser Ur-Erzählung müsste ein ganz anderer sein, als ich ihn wähle. Beiden Ausgangssituationen wirklich gerecht zu werden, würde mich ganz sicher überfordern. Deshalb also: Ein Buch für Männer. Vornehmlich die, die auf dem direkten Weg in Richtung 50. Geburtstag sind.

„Zweidrittler" und Babyboomer – da kommt was auf uns zu

Seit ich ein Kind bin, begleitet mich diese Geschichte von Mose. Doch nie war sie für mich so aktuell wie heute, denn es dauert nicht mehr lange, dann bin auch ich ein Zweidrittler.

Und was genauso wichtig ist: Ich gehöre zu der immer größer werdenden Gruppe von Menschen, die sich tatsächlich auf ganz Neues einstellen muss. Für mich als Mensch in Deutschland heißt das: Die Rente kommt später, und wenn sie kommt, dann ist sie niedriger als bei den Generationen vor uns, denn wir Zweidrittler der Geburtsjahrgänge von 1955 bis 1970 sind die Babyboomer in Deutschland. Manche machen den Schnitt schon im Jahr 1965, doch wie man auch rechnet, eines ist klar: Wir sind die Vielen. Und das hat Auswirkungen, das bringt Veränderungen mit sich.

Wahrscheinlich haben Sie den Ausdruck „Zweidrittler" noch nicht gehört. Ich gebrauche ihn, weil ich Begriffe wie „Midlife-Crisis" vermeiden will. Die Begrifflichkeiten der klassischen Entwicklungspsychologie und der populären Theorien über die Entwicklung der Erwachsenen tragen nach meiner Ansicht heute nicht mehr. Viele Männer kommen zwar tatsächlich um die Lebensmitte (also mit etwa 40 Jahren) in eine Krise. Um diesen Zeitpunkt herum spüren wir Männer, dass wir den höchsten Punkt unserer körperlichen Leistungsfähigkeit erreicht und wohl auch überschritten haben. Danach kann es eigentlich nur noch abwärts gehen. Gleichzeitig kommen andere, jüngere nach, die uns bedrängen, die uns den Verfall vor Augen führen. Sie sind schneller, stärker, aggressiver, sie wissen mit Wörtern wie „Bandscheibenvorfall" und „Urologe" nichts anzufangen und sie sind nicht zuletzt erfolgreicher, wenn es darum geht, die Aufmerksamkeit der Frauen zu gewinnen.

Mit dem Wahrnehmen dieser Wendemarke ist oftmals eine ganze Reihe von Fragen verbunden, manches Mal folgen daraus auch Kurzschlussreaktionen. Um sich die Jugendlichkeit zu beweisen, sucht man eine jüngere Frau, ein körperlich härteres Hobby, eine neue berufliche Herausforderung. Man „will es noch einmal wissen".

Nicht selten säumen Leichen und Verletzte den Weg solcher Veränderungen. Solche Leichen sind zum Beispiel tote Beziehungen. Es sind tödlich verletzte, weil zurückgestoßene bisherige Lebenspartnerinnen. Es sind verletzte, weil zur Pflege des männlichen Egos benutzte neue Lebenspartnerinnen. Es sind Kinder, Arbeitskollegen und Familienangehörige, zu denen die Beziehungen begraben wurden.

Im Lauf der Zeit tragen sich viele dann selbst mit ihren enttäuschten Hoffnungen in die Liste der Verprellten ein. Die neue Beziehung ist bald der alte Trott, der nun aber durchgehalten werden muss, weil mit 50 ja keine wirklichen Neuerungen mehr möglich sind. Im neuen Berufsumfeld holen einen die alten Konflikte wieder ein und man muss einsehen, dass man wohl selbst ein Teil der Probleme war.

Natürlich: Es gibt auch Beispiele für gelungene Umstellungen und Veränderungen, keine Frage, doch nicht selten schauen Männer wie wir nicht weit genug voraus, sondern tun einfach einmal etwas und denken dann später darüber nach.

Aber es geht nicht nur darum, die nächsten paar Jahre besser über die Runden zu bringen. Es geht darum, eine Vorstellung zu entwickeln, wie sich unser Leben vollenden soll.

Es gibt gute Literatur zur Midlife-Crisis, die dazu anleitet, selbstbewusster, durchdacht und aufrecht in die zweite Hälfte des Lebens zu gehen. Doch es mehren sich die Beobachtungen, dass diese Krise mehr und mehr zeitlich verschoben wird. Genauer muss man sagen: Aus der Hälfteneinteilung ist aktuell in unserem Kulturkreis eher eine Drittelung geworden. Das hängt damit zusammen, dass sich unsere Lebensabläufe, unsere Gesundheitsvorsorge, unsere Lebenserwartung und unsere Erwartungen ans Leben verändert haben.

Quarterlife-Crisis

Viele Menschen haben heute zwischen 20 und 30 Jahren eine erste, ernsthafte Krise, die in der Zwischenzeit auch von Fachleuten „Quarterlife-Crisis" genannt wird (was interessanterweise eine Alterserwartung von wenigstens 80 bis 120 Jahren suggeriert). „Jung, erfolgreich, orientierungslos", so ein Buchtitel zum Thema, der beschreibt, um was es bei der Krise geht. Man könnte sagen, dass Mose wohl so etwas wie eine Quarterlife-Crisis erlebt hat, als er zum Mörder an einem der Unterdrücker wurde. Doch das ist eine andere Geschichte und wohl auch ein anderes Buch.

Midlife-Crisis

Dann kommt, folgt man der nun schon klassischen Sichtweise, nur 10 bis 15 Jahre später schon die nächste Krise. Zumindest für die Männer. Doch was früher tatsächlich eine Lebenswende war, lässt sich heute noch meistern: Mit 40 lässt sich noch etwas drehen, lässt sich noch etwas machen und verändern. Der Schauspieler Til Schweiger ist 1963 geboren. Im Jahr 2004 verlässt er Frau und vier Kinder, um mit seiner Freundin zu leben, die 21 Jahre jünger ist als er. Jürgen Klinsmann ist Jahrgang 1964. In den Jahren 2004 bis 2006 hat er die Trainingsarbeit der Fußball-Nationalmannschaft revolutioniert und auch sonst bewiesen, dass er nicht zum alten Eisen gehört. Dass in Filmen die Rollen der attraktiven Liebhaber mit 40-Jährigen besetzt werden, gehört heute zum Hollywoodalltag. Zugegeben: Das sind Promis, aber sie sind eben auch ganz normale Männer und Menschen.

Wenn ich es in meinem Umfeld richtig beobachte, dann führt die Midlife-Crisis zwar immer wieder zu Veränderungen, aber selten zur nachhaltigen Neuausrichtung des Lebens. In einer sich schnell verändernden Welt ist sie nicht oder meist nicht mehr so einschneidend. Sie führt häufig dazu, dass einfach an anderer Stelle so weitergemacht wird, als wäre nichts gewesen. Die grundlegenden Fragen, die sich mit abnehmender Körperkraft und nachpressender Konkurrenz der jüngeren Männer stellen, werden in den seltensten Fällen beantwortet. Die Frage, welchen Platz im Leben jemand einnehmen, welches Ziel am Ende des Lebens jemand erreicht haben will, diese Frage bleibt oft offen. Sie hat, wie ich noch zeigen werde, eine spirituelle Dimension. Und die erschließt sich Männern häufig nicht leicht. Mit 40 sind viele noch nicht offen dafür. Das Leben geht weiter …

Die Zweidrittel-Marke

Wenn wir die Zweidrittel-Marke unserer Lebenszeit ansteuern, dann ist das keine Krise wie die eben beschriebenen. Sie kommt nicht laut daher, sie wird (bisher) nicht populärpsychologisch aufgemotzt und vermarktet. Die Zweidrittel-Marke ist eine Markierung, die durchaus übersehen werden kann. Sie markiert den Punkt, ab dem nicht mehr die Kraft zur Veränderung, nicht Torschlusspanik mit nachfolgendem Aktivismus, sondern eher eine schleichende, allgemeine Hoffnungslosigkeit die Vorherrschaft bekommt, eine Perspektivlosigkeit, ein Mangel an Alternativen für die Lebensführung.

An den Lebensumständen lässt sich nun sowieso nichts mehr ändern. Der Arbeitsplatz kann nur in wenigen Ausnahmefällen noch gewechselt werden. Bewerbungen brauchen eigentlich schon gar nicht mehr geschrieben zu werden. Für Fortbildungsmaßnahmen werden in den Betrieben gerne die Jüngeren vorgezogen. In der Familie gibt es immer weniger zu tun, weil die Kinder ausziehen und man der Frau sowieso nur im Weg herumsteht.

Neue Beziehungen werden auch nicht so leicht geknüpft. Wo auch? Wie auch? Die wenigsten ziehen um die Häuser in diesem Alter. Nach meiner Beobachtung haben nur wenige Männer wirklich gute Freunde. Sie sind ziemlich alleine mit sich. Wer einen ‚besten Freund' hat, so wie viele Frauen immer eine ‚beste Freundin' haben, der kann sich glücklich schätzen. Er gehört nach meiner Beobachtung einer Minderheit an. Viele legen an Gewicht zu, die Disziplin in Sachen Sport und Ernährung will nicht gelingen, weil es dafür kaum mehr einen Anreiz gibt. Die graumelierten Schläfen, die einen als 40-Jährigen beim anderen Geschlecht interessant erscheinen ließen, sind nun wie der ganze übrig gebliebene Schopf – soweit überhaupt vorhanden – von faden, grauen Strähnen durchzogen.

Überhaupt, man tut sich nicht mehr leicht mit der veränderten Lebenswelt, ertappt sich immer wieder bei Sätzen wie: „Das hat es zu meiner Zeit nicht gegeben." Sogar von der ‚Jugend von heute' und von der ‚Musik der Jungen' hat man schon gesprochen, obwohl man immer noch mit Begeisterung Rolling Stones hört. Aber die sind ja auch schon – wie alt?

Der Eintritt in den Ruhestand

Ich möchte die Zweidrittel-Krise nicht höher hängen als sie es verdient hat. Es gibt genug Männer, die bis zum Ende ihrer Erwerbsarbeit ein erfülltes Leben führen. Viele bereiten sich sogar auf das vor, was dann kommt: Der Ruhestand, das ‚Leben danach' ist für sie kein Schreckgespenst, sondern eine Realität.

Diese Vorbereitung hat, das zeigen entsprechende Studien, meist zwei Schwerpunkte: Die Auseinandersetzung mit der finanziell neuen Situation und das Verhältnis zum Lebenspartner.

Doch der Wechsel, der dann kommt, ist sicher vielschichtiger, weil das Leben eben aus mehr besteht als aus Finanzen und einer Beziehung. Und nun zeigt sich, ob die Zweidrittel-Marke bewusst als Herausforderung angenommen wurde.

KAPITEL 2: DIE NEUEN ALTEN

In Deutschland werden ab dem Jahr 2015 ‚massenhaft' Menschen in Rente gehen. Deutlich weniger junge Menschen kommen nach. Dabei sind die meisten der ‚Alten' leistungsfähig und meistenteils so gesund, dass sie noch viele Jahre zu erwarten haben. Hat die Entwicklungspsychologie früher das Alter eines Menschen nach dem Alter in Lebensjahren zu beschreiben versucht, so tut sie es heute nach der Vitalität eines Menschen. Im Englischen werden die drei grob unterscheidbaren Phasen, die vitale Phase, die eingeschränkt vitale Phase und die Phase der Unterstützungsbedürftigkeit sehr einprägsam gekennzeichnet: Erst GoGo, dann SlowGo, dann NoGo.

Die jungen Alten: GoGo

Wenn Menschen heute zwischen 60 und 65 Jahren in den Ruhestand wechseln, dann sind ihre Lebensverhältnisse grundsätzlich verschieden von denen voriger Generationen. Sie fühlen sich nicht alt. Sie würden viel tun, eines aber sicher nicht: In einen Seniorenkreis gehen.

Eigentlich ist es völlig unverständlich, warum sie nicht weiter einer Erwerbsarbeit nachgehen sollten. Sie verfügen über Berufserfahrung und nicht selten sind sie – gezwungenermaßen – auf Ballhöhe, was die Entwicklung in ihrem Berufsfeld angeht. Sie wären fähig, manches Mal auch bereit, bis ins hohe Alter zu arbeiten. Das dürfen sie aber noch nicht. Und tatsächlich müsste dem wohl ein Umdenken vorausgehen. Was, wenn die ganzen „Alten" weiterarbeiten? Womöglich an den Stellen und in den Positionen, in die sie es bis zum Alter von 65 Jahren geschafft haben? Es ist nicht motivierend für die nachfolgenden Generationen von Erwerbstätigen, wenn ihnen die Aufstiegs-Chancen bis ins ‚nahezu Unendliche' verbaut sind, weil rüstige Routiniers nicht daran denken, für sie Platz zu machen. Also Umdenken – wie kann man weiterarbeiten und dennoch Platz machen? Das wird im Moment noch wenig gedacht. Meistens geht es ohne allzu große Überlegungen in den erwarteten und dann doch überraschenden Ruhestand.

Was heißt es also, die so genannte vitale Phase des Alters, „bewusst" zu gestalten? Eines ist sicher: Wer erst mit Eintritt in den Ruhestand beginnt, sich darüber Gedanken zu machen, ist spät dran, wahrscheinlich zu spät. Die Weichen stellen können Menschen als Zweidrittler.

Aber muss man denn alles planen? Viele wollen doch einfach nur – jetzt, endlich – das Leben genießen.

Die Erfahrung in den USA zeigt deutlich, dass auch Genießen gelernt sein will und zunächst einmal alles andere als sinnstiftend ist. Rentnersiedlungen in den USA sind – das zeigen Untersuchungen über die Lebenszufriedenheit in solchen ganz auf das Genießen ausgerichteten Ortschaften – nicht für jede und jeden etwas. Immer nur Golf spielen ist auf Dauer eben auch langweilig.

Wie bereits beschrieben, setzen sich viele Männer mit der veränderten finanziellen Situation auseinander, bevor sie als Ruheständler dann damit leben müssen. Viele sind auch vorbereitet, was die Beziehung zur Lebenspartnerin angeht.

Doch wie und mit welchen Aktivitäten nun das Leben gefüllt sein soll, welchen Sinn die Freizeit hat, wenn sie nicht mehr Ausgleich zur Erwerbsarbeitszeit sein muss, für diese Fragen haben die wenigsten Antworten. Auch wenn das Leben sicher noch vielschichtiger ist, sind vier Bereiche klar auszumachen, die das Leben bestimmen: Arbeit, Beziehungen, Gesundheit und Sinn.

Arbeit, Beziehungen, Gesundheit, Sinn

Ich werde im Lauf des Buches einige Fragen aus diesen vier Bereichen ansprechen, die sich aus der Erzählung von der Berufung des Mose her geradezu aufdrängen. Einige davon will ich hier schon einmal einführen: Welchen Stellenwert sollen mit Eintritt in den Ruhestand Arbeit und Leistung haben? Ein Teil der Anerkennung kam bisher aus dem, was man getan hat und wie man es gemeistert hat. Allein das Geld, das man ‚dafür' bekommen hat, war, wenn nicht eine angemessene Gegenleistung, so doch ein Zeichen, dass jemand wahrgenommen hat: Der hat etwas getan. Nun bekommt ‚Mann' sein Geld nicht mehr ‚dafür', sondern für Vergangenes. Was bedeutet das?

Was ist mit unerledigten Aufgaben? Berufliche Projekte und Pläne, die nicht mehr abgeschlossen werden konnten, haben einen ausgesprochen schlechten Einfluss auf den Einstieg in die Ruhestandszeit. Man spricht vom „Cliffhanger-Effekt". Das bedeutet: Unerledigte Aufgaben lösen innerlich einen Drang aus, die noch nicht abgeschlossene Tätigkeit wieder aufzunehmen. Die Tür ist zu, aber noch nicht wirklich geschlossen. Fatal, wenn man nicht mehr zurück kann!

Andere Fragen schließen sich in diesem Zusammenhang an: Woher werden Sie Anerkennung bekommen, welche Fähigkeiten haben Sie, die Sie zum Wohl von anderen einsetzen können? Welche produktiven Ideen mussten bisher zurückstehen, weil dafür nicht die Zeit und Energie da war? Welche Initiativen, Vereine oder Organisationen würden Sie unterstützen, wenn Sie noch einmal 20 oder 30 Jahre alt wären?

Über die Partnerschaft hinaus, so es sie gibt: Welche Beziehungen sind tragfähig? Wie soll das Verhältnis zu einzelnen Freunden, Nachbarn und Verwandten gestaltet werden? Für wen wollen Sie da sein? Wer soll jetzt und später einmal für Sie da sein? Wissen diese Menschen, welche Vorstellungen Sie haben? Bei vielen Paaren gibt es nur

„Paarbeziehungen" und die Freundschaften der Frauen. Haben Sie als Mann Freundinnen oder Freunde, mit denen Sie sich auch allein treffen können?

Auf welche Art sollen Körper und Gesundheit gepflegt werden? Wer in den Ruhestand wechselt, sollte unter Umständen eine andere Ernährung anstreben, mehr Sport treiben, den Geist trainieren. Die meisten Ruheständler sind zwar gesünder als sie sich fühlen, doch das soll ja auch so bleiben – jedenfalls so lange, bis der natürliche Lauf der Dinge die Kräfte wirklich rapide schwinden lässt. Es ist faszinierend und gruselig, wie viele davon überrascht werden, dass sie körperlich abbauen. Wie werden Sie mit dem Schwinden Ihrer Kräfte umgehen wollen? Haben Sie sich damit auseinandergesetzt? Die meisten Deutschen bekennen sich dazu, dass „Gesundheit das Wichtigste" ist. Dem widersprechen die Zahlen: Es ist erschreckend, wie viele Menschen über 60 übergewichtig sind. Es ist schlimm, wie weit verbreitet Alkoholismus unter Älteren ist.

In dieser Phase spätestens sollte aus meiner Sicht über das Testament nachgedacht werden. Wem wollen Sie – was und wie viel – hinterlassen? Schon die Entscheidung, wie viel Sie „am Ende" der nächsten Generation weitergeben wollen, bestimmt ja den Lebensstil, den Sie bis dahin pflegen werden. Wird das ein Leben, das im Verhältnis zu Ihren Einkünften eher sparsam oder eher aufwändig ist? Bauen Sie Ersparnisse ab, um sich jetzt etwas zu gönnen? Wie wird sich das auf andere auswirken? Entrümpeln Sie Ihr Leben? Wo soll das ‚Gerümpel' von Fotos, Möbeln und anderen Erinnerungsstücken einmal landen? Sparen Sie, damit auch für eine möglicherweise notwendige Pflege Geld da sein wird? Achten Sie auf äußere und innere Gesundheit? Wie viel wird Sie das kosten?

Sehr viele Menschen setzen in der GoGo-Phase auf Bildung und Reisen, damit der Geist wach bleibt. Immer mehr Organisationen stellen ihre Programme für die jungen, vitalen Alten um. Nicht mehr Betreuung, sondern Beteiligung und Bildung sind angesagt. Die Kaffeefahrt stirbt langsam, die Bildungsreise boomt. Volkshochschulen und Bildungsinitiativen bieten Kurse, die die Lebenserfahrung mit einbeziehen, die Universitäten sind offen für ältere Studierende. Vereine, Kirchen und Kommunen entdecken, dass ein ganzes Heer an Ehrenamtlichen darauf wartet, etwas Sinnvolles zu tun.

Sinn. Das ist vielleicht das Stichwort. Das Leben hat auch eine spirituelle, eine über unsere Lebenszeit hinausreichende Seite. Seltsam, dass so viele sich keine oder wenig Gedanken darüber machen, wo die Reise insgesamt einmal hingeht.

Es ist erschreckend, aber es sind nicht die Jugendlichen, die die meiste Zeit vor den Fernsehgeräten sitzen und ihre Zeit nicht einmal selbst totschlagen, sondern totschlagen lassen: Die älteren Menschen verbringen im Durchschnitt doppelt so viel Zeit vor den Bildschirmen wie die Jungen, auch die, die eigentlich in der GoGo-Phase wären.

Der Tod, sowohl der eigene als auch der des Partners, bleibt bei vielen ausgespart. Wie wird am Ende die Lebensbilanz aussehen? Noch ist – statistisch gesehen – Zeit, das „Ergebnis“ zu beeinflussen. Man kann die Frage auch anders stellen: Was soll bei meiner Beerdigung einmal über mich gesagt werden? Oder noch einmal anders: Wenn ich tatsächlich eines Tages vor meinem Schöpfer stehen sollte, vor Gott selbst, bin ich dann vorbereitet?

Im letzten Drittel des Lebens warten jede Menge Möglichkeiten. Dazu braucht es keine detaillierte Planung, aber es braucht eine bewusste Gestaltung des Lebens. Warum nicht schon als Zweidrittler anfangen! Wenn wir bereits das Alter um die 50 als einen Einschnitt begreifen, dann kann der Eintritt in den Ruhestand tatsächlich ein gelungener Übergang werden.

Die älteren Alten: SlowGo

Gerade habe ich geschrieben, dass der eigene Tod und der Tod des Partners im Denken gerne ausgespart werden. Das ist schade, weil damit die Chance zu einem tieferen Empfinden von Sinn versäumt werden kann. Es geht zum anderen aber auch um eine ganz praktische Auseinandersetzung, die ebenfalls zu einem vollständigeren Leben führt: Man ist einfach ein vollständigerer Mensch, wenn man weiß, wie die Steuererklärung ausgefüllt wird, die Waschmaschine funktioniert oder der Backofen gereinigt wird.

Andersherum gilt das auch: Es stirbt sich auch leichter, wenn man weiß, dass der andere einen nicht nur überleben könnte, sondern dann auch das leben kann, für das man selbst lange verantwortlich war. Es ist ja leider kein Witz, dass manche auf dem Sterbebett als letzte Frage haben: „Und wie füllst du jetzt ohne mich die Steuererklärung aus?" Sie spüren, dass der andere bisher abhängig war und wenn man dann gehen muss, dann fällt es schwerer. Man hat den Eindruck, den anderen im Stich zu lassen. Ausgerechnet wegen der Steuererklärung!

All diese Themen werden spätestens in der Phase wichtig, in der das Leben eingeschränkt ist, weil der Körper bei aller Pflege eben doch abbaut. Alles geht ein wenig langsamer, Arztbesuche kosten Zeit, Dinge, die bisher leicht von der Hand gingen, fallen nun schwerer, das Sichtfeld wird immer mehr eingeschränkt, Unsicherheiten, etwa beim Autofahren, nehmen zu. Die Kräfte schwinden eben. Es ist noch nicht dramatisch. Es geht einem noch gut, aber es geht nicht mehr alles so gut, wie es lange ging.

Auch hier gibt es eine Menge Fragen, mit denen man sich bereits auseinandersetzen kann, wenn man die Zweidrittelmarke erreicht hat: Gibt es eine Beschäftigung, die nicht zu viel Kraft und Mobilität voraussetzt, aber Spaß macht? Gibt es Freundschaften und Formen der Beziehung, zum Beispiel über Internet-Foren, die auf einfache Art gepflegt werden können? Welche Vorstellungen haben Sie vom Wohnen und Zusammenleben für das nun wirklich erreichte Alter? Wie groß etwa wird die Wohnung sein, in der Sie dann leben wollen? Auf welche Einrichtungsgegenstände wollen sie auf keinen Fall verzichten? Wer bekommt die elektrische Eisenbahn ...? Ist an entscheidenden Stellen für die Gesundheit und das Wohlergehen vorgesorgt? Ist eine Patientenverfügung aufgesetzt worden und wird sie regelmäßig bestätigt? Gibt es eine General- und Vorsorgevollmacht für den Fall eingeschränkter Geschäftsfähigkeit, etwa nach einem Schlaganfall?

Und außer den äußeren, wichtigen Themen wieder die Fragen nach dem Sinn: Welche Werte wollen Sie weitergeben, welche Geschichten aus Ihrem Leben sind wichtig? Welche Erfahrungen sind es wert, weitergetragen zu werden? Gibt es einen Familienschatz an Erinnerungen, der mit Ihnen begraben würde? An wen und wie wollen Sie das weitergeben, was wichtig ist? Ich rede hier nicht vom materiellen Erbe, sondern vom geistigen, moralischen, vom ethischen und kulturellen Erbe, das Sie in sich haben. Und ich rede von dem, was Sie an Erfahrungen und Erlebnissen an die ‚Nachwelt' weitergeben wollen: Wie haben Sie zum Beispiel die Schulzeit, als Kind die Olympiade in München, die Demonstrationen gegen die Raketenstationierung in Deutschland, die Katastrophe von Tschernobyl, die Maueröffnung erlebt? Erinnern Sie sich an die ersten Erfahrungen mit einem Computer? Irgendwann werden diese Erinnerungen verschwunden sein. Wenn Sie sich schon als Zweidrittler mit diesen Themen zu beschäftigen beginnen, dann werden Sie die Slow-Go Phase bewusst mit Leben füllen können.

Die alten Alten: NoGo

NoGo: Das klingt dramatisch. Und das ist es in unserer Vorstellung oft auch. Wer wirklich pflegebedürftig und abhängig von der Hilfe anderer wird, sollte darauf vorbereitet sein. Viele von uns werden steinalt werden. Im hohen Alter ist die Wahrscheinlichkeit, dass wir verwirrt sein werden, hoch. Es ist zu erwarten, dass wir uns – wenn wir geistig dazu in der Lage sein werden – den größten Teil des Tages mit uns selbst beschäftigen müssen. Es scheint immer klarer zu sein, dass wir nicht nur, aber auch ein Kostenfaktor für Gesellschaft und Familie sein werden.

Das materielle Erbe war bereits angesprochen. Natürlich ist das etwas, das geregelt sein sollte. Ebenso wie die Frage, in welchem Maß Pflege stattfinden soll, wo und wie man beerdigt sein will.

Und auch für diese letzte Phase unseres Lebens gibt es Fragen, die leider nur zu oft nicht gestellt werden: Wie will ich sterben? Das ist oftmals die Frage nach dem Verhältnis von geistigem Bewusstsein und körperlichem Schmerz. Wie gehe ich mit dem um, was ich schuldig geblieben bin? Wie will ich auf mein Leben zurückschauen? Habe ich mich mit den Menschen, der Welt und dem Leben versöhnt? Was kommt nach dem Tod, kommt da etwas? Für mich persönlich ist das auch die Frage danach, ob ich weiß, dass ich mit Gott versöhnt bin und er auf mich wartet und mich bei sich aufnimmt.

Es ist wichtig, sich auch auf diese letzte Phase des Lebens bewusst und wenn möglich rechtzeitig einzustellen. Vom mentalen Training bis zu den ganz handgreiflichen Dingen wie der Frage, ob alle Unterlagen so geordnet sind, dass sich auch ein anderer schnell darin zurechtfindet.

Vorsicht: Veränderungen!

All diese Überlegungen, Fragen und Anregungen bedeuten unter Umständen tief greifende Veränderungen. Veränderungen sind nicht unbedingt die Stärke der Zweidrittler. In der klassischen Entwicklungspsychologie werden Menschen um die 50 gerne die Bewahrer genannt. Das ist ihre Aufgabe im Zusammenspiel der Generationen. Sie sollen im besten Sinne konservativ sein, also das Gute bewahren, den Zusammenhang zwischen Vergehendem und Neuem herstellen, Grundwerte erhalten und Schaden abwenden, der durch übereiltes Vorgehen entstehen kann.

Die Zweidrittler könnten die Träger von Weisheit werden, vielleicht nicht immer innovativ, aber durch ihre Erfahrung in der Lage, Informationen miteinander zu verbinden, mit Abstand und Abgeklärtheit Strukturen besser als weniger Erfahrene zu durchschauen und nutzbar zu machen. So weit so positiv.

Im Alltag gelten Zweidrittler häufig mehr und mehr als Bremser. Sie sind die, die es gerne so haben, wie es schon immer war. Sie verweigern sich schon mal dem technischen Fortschritt. Sie sind der Meinung, dass es sich für sie nicht mehr lohnt, die letzte Neuerung auch noch mitzubekommen. Sie gelten als fortbildungsresistent und kommen mehr und mehr zu der Meinung, dass es für sie jetzt auch einmal reicht und andere sich krumm machen können, um auf dem Laufenden zu sein.

Doch das Bild, das ich da zeige, stammt aus dem 20. Jahrhundert. Es ist ein schiefes Bild, wenn man sich die Generation 50+ heute anschaut. Tatsächlich könnte unsere Generation die sein, die das Bild gerade rückt, vorausgesetzt, wir lassen uns nicht vorher entmutigen.

Ob das gelingt, liegt nicht nur an den Zweidrittlern, sondern auch daran, ob sich bei Jüngeren die längst veralteten Vorstellungen und schief hängenden Bilder von der Generation 50+ verändern lassen. Ich werde zum Beispiel immer wieder von Jüngeren gefragt, ob ich denn über Internetzugang verfüge. Ob es gelingt, solche Bilder gerade zu rücken, liegt also nicht nur an den Zweidrittlern, aber vor allem an ihnen. Es gibt kein überzeugenderes Argument gegen die Vorstellung von versteinerten, verkrusteten und lernunwilligen Bremsern als Menschen, die mit 50 und mehr Jahren auf Ballhöhe sind oder sogar die Dinge vorantreiben.

Noch einmal Vorsicht: Gefühle

All diese Überlegungen, Fragen und Anregungen lösen auch eine Vielzahl von Gefühlen aus. Gefühle sind nicht unbedingt und immer die Stärke der Männer. Zumindest tun sich auch unter den Babyboomern viele Männer schwer damit, die eigenen Gefühle einzuordnen und zu verstehen.

Schon alleine deshalb ist es gut, das dritte Drittel des Lebens bewusst und mit Ruhe anzugehen. Für manches Gefühl, das jetzt kommt, haben Sie vielleicht nicht einmal einen Namen. Einige der Emotionen, die Sie erwarten, werden Sie überraschen, weil sie seit der Kindheit oder der Pubertät schon eingeordnet und abgehakt oder sicher verstaut und verdrängt waren.

Zweidrittler haben die Chance, „vollständiger" zu leben. Vielleicht sind sie wirklich nicht mehr so schnell wie die Menschen im zweiten Drittel. Aber mit ihrer Lebenserfahrung und der eintretenden Gelassenheit können sie auch mit mehr Mut zum Gefühl leben, mit mehr Bandbreite in den Gefühlen und nicht zuletzt mit mehr Echtheit.

Verantwortung

Speziell für meine Generation der Babyboomer lässt sich allerdings sagen, dass sie eine verwirrte Generation ist. Sie ist gewohnt, Verantwortung zu übernehmen, ist aber mitten hinein gekommen in einen Beschleunigungsprozess, den sie nur mit Mühe verstehen kann: Das Leben wird auf allen Ebenen schneller, auch oberflächlicher. Zu allem wird eine Meinung gefordert, zu allem gibt es Informationen, die aber nicht gewichtet und gewertet werden können, weil allgemein verbindliche Werte in unserem Land schon lange aus der Mode gekommen sind. Die Zweidrittler sind es gewohnt, Verantwortung zu übernehmen, doch viele übernehmen sie nach meiner Beobachtung oberflächlich. Sie funktionieren und tun, was getan werden muss, doch ohne Leidenschaft.

Rückzugstendenzen

Wir angehenden Zweidrittler haben uns zurückgezogen aus vielen Bereichen des öffentlichen Lebens.

Wir pflegen immer noch Werte, die bereits keine mehr sind. Familie etwa wird hoch gehandelt, weil es sie in ihrer „heilen" Form fast nicht mehr gibt. Nicht selten gehören die Zweidrittler selbst bereits in zweiter Generation zu dem, was man „Patchwork-Familie" nennt.

Um uns dem Zwang zur Veränderung zu entziehen, haben wir uns geflüchtet. Wir sind in unterschiedliche Richtungen geflüchtet, deshalb fällt es manchmal nicht gleich auf. Die einen haben sich zurückgezogen in die kleine Welt der Kultur oder in die bürgerliche Normalität. Andere haben sich geflüchtet in Hobbys und Vereine, von denen sie auch nicht mehr genau wissen, warum sie so treu an ihnen hängen. Wieder andere haben sich auf ihre Couch zurückgezogen und sehen von dort aus die Welt hinter der Panzerglasscheibe ihres Fernsehers.

Wir haben uns zurückgezogen in die Vorstellung, dass unsere Ansprüche ans Leben berechtigt sind. Irgendjemand muss verantwortlich sein dafür, dass es uns gut geht. Manchmal sind wir wie Kinder. Je dunkler der Keller, desto lauter pfeifen wir unser Lied von der Selbstverständlichkeit, dass mit zunehmendem Alter zumindest bis zur Rente auch zunehmende Bezüge verbunden sind.

Es gilt am Anfang des 21. Jahrhunderts als ausgemacht, dass die Gemeinschaft nur eine Chance hat, wenn alle sich als Teile dieser Gemeinschaft verstehen. Wir aber haben uns geflüchtet ins Private.

Wir haben uns geflüchtet in Jugendlichkeit, die nicht einmal immer aufgesetzt ist. Häufig ist sie schlicht die Auswirkung dessen, dass wir die Verantwortung nicht übernehmen können für all das, wofür wir verantwortlich gemacht werden. Und wir sind ja auch „jünger"! Wir sind länger fit als unsere Vorgängerinnen und Vorgänger. Medizinisch gesehen war es noch nie zuvor möglich, so lange zu leben, wie wir das können.

KAPITEL 3: EINE SPIRITUELLE HERAUSFORDERUNG

Vielleicht müssen wir Zweidrittler tatsächlich wach gerüttelt werden, herausgefordert, aus dem Althergebrachten auszubrechen, herausgerufen aus unserer Lethargie und unserem Rückzug ins Private. Jenseits davon liegt eine weite Welt, die darauf wartet, dass wir sie wach und offen erkunden.

Zunächst einmal ganz unabhängig von jedem Glauben liegt in der Geschichte von der Berufung des Zweidrittlers Mose sehr viel Weisheit; Wissen also, das im Alltag etwas taugt. Einsichten, mit denen man auch praktisch etwas anfangen kann.

Das, worauf sich die Weisheit der biblischen Erzählung gründet, will ich Ihnen nahe bringen: Es gibt berechtigte Gründe zu der Annahme, dass es einen Gott gibt und dass er uns auf den neuen Wegen nicht allein lässt. Diese spirituelle Dimension gibt mehr Halt und Mut als wir brauchen. Das reicht dann sogar noch für andere.

Doch zunächst einmal ist die Frage: Wie findet diese Generation neu zu sich selbst und zu einer Perspektive für das verbleibende Lebenszeit-Drittel? Persönlicher gefragt: Wie finden Sie neu zu sich selbst und zu einer Perspektive für das statistisch verbleibende Drittel Ihres Lebens? Die Geschichte von Mose hilft auf dem Weg zu einer Antwort. Und dieser Weg beginnt mit einer spirituellen Herausforderung.

Vieles hängt davon ab, das Leben aus einer ‚Weisheitsperspektive' zu sehen. Unser Leben ist mehr als das, was landläufig als Realität bezeichnet wird. Es gibt eine Wirklichkeit hinter der Wirklichkeit. Das ist der eigentliche Anfang der Geschichte von Mose:

Der brennende Strauch

Mose hütete damals die Schafe und Ziegen seines Schwiegervaters Jitro, des Priesters von Midian. Eines Tages trieb er die Herde von der Steppe hinauf in die Berge und kam zum Horeb, dem Berg Gottes. Dort erschien ihm der Engel des Herrn in einer Flamme, die aus einem Dornbusch schlug. Als Mose genauer hinsah, bemerkte er, dass der Busch zwar in Flammen stand, aber nicht niederbrannte. „Merkwürdig", dachte Mose, „warum verbrennt der Busch nicht? Das muss ich mir aus der Nähe ansehen."

Mose hatte sich eingerichtet in seiner begrenzten Welt. Er war zufrieden, es gibt keinen Grund, etwas anderes anzunehmen. Er war nicht direkt bedroht, es ging ihm nicht schlecht. Er hatte das zweite Drittel seines Lebens genutzt. Er hatte Sicherheiten geschaffen, etwas aufgebaut. Nun war er ein Zweidrittler, ein Bewahrer, einer, der Lebenserfahrung genug hat, um sich heraushalten zu können.

Ein Lebensabschnitt

Und dann kommt der brennende Strauch. Etwas ganz und gar Ungewöhnliches sieht Mose. Er – mit seiner Lebenserfahrung – wird überrascht! Alles, was er sieht, kennt er, aber er kennt es nicht in dieser Kombination. Mein Wunsch ist natürlich, dass es Ihnen bei der Lektüre dieses Buches auch so geht. Alles, was Sie lesen, kennen Sie schon von da oder dort. Aber in der Kombination entsteht etwas Neues. So geht es jedenfalls Mose an diesem Strauch. Keine Frage: Er hat zuvor schon Sträucher gesehen und er kennt auch Feuer. Aber dass ein Strauch brennt ohne zu verbrennen – das ist neu. Es scheint auf den ersten Blick auch nicht bedrohlich. Das Feuer breitet sich nicht weiter aus. Seine Neugier ist geweckt.

Wir haben es gelernt, bewusst oder unbewusst Gefahrennachrichten zu überhören, weil sie uns überfordern könnten. Wir fordern nach wie vor mit einer Selbstverständlichkeit Sicherheiten ein, obwohl wir längst wissen könnten, dass diese Sicherheiten nicht mehr gewährleistet sind. Die Arbeitswelt verändert sich, der so genannte Generationenvertrag wird brüchig, die Verantwortung für viele Bereiche des Lebens wird vom Staat auf den Einzelnen abgewälzt. Das alles kennen Sie schon und in die Jammerei über die sich verändernden Zeiten will ich nicht mit einstimmen. Auch die Geschichte von Mose kennen Sie schon, wenn nicht vollständig, so doch der Spur nach. Nun kommt beides zusammen – vielleicht erleben Sie ja das, was Mose damals erlebt hat.

Die doppelte Anrede

Der Herr sah, dass Mose sich dem Feuer näherte, um es genauer zu betrachten. Da rief er ihm aus dem Busch zu: „Mose, Mose!" „Ja, Herr", antwortete er.

„Du bist wichtig, sogar unersetzlich." Das kann der Mensch sich in der Tiefe weder glauben noch selbst sagen, das muss er ‚von außen' hören.

Als Mose näher kommt, spricht ihn eine Stimme an. Es ist Gott, keine Frage! „Mose, Mose!" gleich zwei Mal wird er beim Namen genannt. Da ist kein Zweifel möglich. Er ist gemeint. Er wird angesprochen. Er wird gerufen. Kinder kennen das: Wenn ihr Name gleich zweimal hintereinander gerufen wird, dann ist es wirklich wichtig. „Martin, Martin – hast du das schon gesehen? Unser Turnverein ist im Fernsehen!" Und wenn der Vorname und der Nachname gerufen werden, dann ist das, was kommt, wahrscheinlich auch wichtig, aber unangenehm. „Martin Maier, hast du etwa unser Auto mit dem Metallschwamm poliert?"

Mose bekommt nichts Unangenehmes zu hören. Im Gegenteil: „Mose, Mose!" Das heißt: „Es wird wichtig. Und zwar wichtig für dich, weil du wichtig bist." Das ist ein zentrales Thema für die Zweidrittler, denn die alte, noch bestehende Rollenzuweisung sagt ja, dass sie als die Bewahrer sich mehr und mehr zurückziehen sollen. Sie sind nicht mehr so wichtig. Sie haben nicht mehr die Rolle, die sie einmal hatten.

Mose ist bereits abgeschrieben, er ist bereits auf dem besten Wege, in der Versenkung zu verschwinden. Er kann tagelang unterwegs sein bis tief in die Wüste hinein, niemand fragt nach ihm.

Das ist die Erfahrung von vielen um die 50. Sie gelten als nicht mehr so innovativ, als nicht mehr so flexibel. Andere sind schneller, andere sind sicherer, andere sind auf der Höhe der Zeit. Zweidrittler sind all das angeblich nicht mehr. Das muss zwar nicht stimmen, ist aber ein beliebtes Vorurteil. Für Frauen, die bewusst leben, was sie sind, dürfte das Vorurteil sogar komplett verkehrt sein. Wenn sie nicht auf solche Vorurteile hören, dann haben sie die Chance, ab 50 noch einmal richtig durchzustarten. Ihre gesamte Entwicklung verläuft anders als bei Männern. Sie entwickeln langsam, aber stetig ihre Stärken und wenn sie sich nicht von zu viel Neuem abschrecken lassen, haben sie beste Chancen, ihre Leistungsfähigkeit bis in ein hohes Alter zu erhalten – nicht nur für die Familie und den langsam vergreisenden Lebenspartner, sondern zum Beispiel auch auf dem Arbeitsmarkt.

„Du bist wichtig! Du bist gemeint. Du bist nicht abgeschrieben." Darin liegt auch eine spirituelle Komponente.

Es entspricht dem Gesamtentwurf des biblischen Glaubens, dass jeder Mensch als Einzelperson unaufgebbar wichtig ist, unersetzlich. Deshalb spricht Gott Mose persönlich an. Er sagt: „Komm her, hör zu. Dich meine ich, ganz persönlich. Du bist wichtig."

Das ist etwas, das sich der Mensch nicht selbst sagen kann. Die Würde des Menschen ist aus ihm selbst heraus nicht erklärbar. Ein hoch entwickeltes Tier ist er, auch wenn im Einzelfall vielleicht nicht einmal das wirklich zu erkennen ist. Die Würde des Menschen ist nichts Nachweisbares, sie liegt darin begründet, dass sie dem Menschen von außen zugesprochen wird.

Ich persönlich finde den von der Bibel inspirierten Glauben genau deshalb so vertrauenswürdig, weil er dabei so realistisch ist. Vom Menschen wird gesagt, dass er schon ab frühester Kindheit schlecht ist. „Die Menschen lügen alle" heißt es in einem Psalm (116,11) und die ganze Geschichte des Jesus von Nazareth zeigt, wie realistisch der göttliche Blick auf den Menschen ist: Er bringt sogar noch den um, dem er sein Leben verdankt.

Der Wert des Menschen liegt zum Glück also nicht begründet in dem, was er tut: Sein Wert ist kein moralischer Wert. Der Wert des Menschen liegt aber auch nicht in dem, was er kann, in seiner Leistungsfähigkeit. Und der Wert liegt ebenso wenig in seinem Nutzen für die Gemeinschaft, seiner Produktivität.

Der Wert des Menschen ist im klassischen Sinn ein ‚Liebhaberwert'. Nicht das Material, nicht die Leistung, nicht sein wirtschaftlicher Nutzen, sondern das, was ein Liebhaber bereit ist zu investieren, das bestimmt den Wert.

„Du bist wichtig." Das sagt Gott durch sein zweifaches „Mose, Mose!" zu dem Zweidrittler in der Wüste, dem Geflohenen, dem Durchschnittsmann, der zwei Drittel seines Lebens hinter sich hat. Du bist wichtig, weil ich es sage. Und was sagt Mose? Er sagt: „Ja, Herr." Der Kontakt ist hergestellt.

Der heilige Boden

„Komm nicht näher!", befahl Gott. „Zieh deine Sandalen aus, denn du stehst auf heiligem Boden!"

Es war kein Gottesdienst. Es war nicht einmal ein kurzer Stopp an der Autobahnkirche. Es war ganz schlichter Arbeitsalltag für Mose. Mitten im Alltag begegnet ihm Gott. Genau da, wo Mose ist, dort brennt der Strauch. Das wird Mose noch mehr verwundert haben als der seltsame Umstand, dass der Strauch nicht verbrennen wollte. Spiritualität, Glaube ist nichts für „dermaleinst", sondern das Wahrnehmen der aktuellen Wirklichkeit mit mehr Fülle.

Die Realität wird auf ganz eigene Art wirklicher, wenn Zweidrittler erkennen: Spiritualität, Religion, Glaube – das ist nicht ein Teil meines Lebens, sondern das, was alles andere durchdringt und vertieft und erfüllt.

Als Zweidrittler hat man genug von der Welt gesehen, um zu wissen, dass nicht alles mit dem Verstand zu erklären ist. Und viele sehnen sich danach, dieses Wissen mit ihrem Alltag zu verbinden. Gott kommt mitten hinein in diesen Alltag. „Komm nicht näher! Zieh die Schuhe aus", sagt Gott zu Mose. „Der Boden, dieser staubige, langweilige Boden deines Alltags, auf dem du stehst, dieser Boden ist heilig."

Heilig, das heißt: Er gehört nicht nur zu deiner Wirklichkeit. Er gehört zusätzlich zu einer Wirklichkeit hinter dem

Sichtbaren. Es gibt eine tiefere Dimension, eine weitere Sicht, ein ‚jenseits' von dem, was dir vor Augen steht. Aber diese Dimension ist nicht abgehoben, nicht ganz anders, nicht völlig verschieden von dem, was du schon kennst.

Für Religion sind bis zu diesem Zeitpunkt bei Mose andere zuständig. Er ist spirituell nicht besonders empfänglich. Männer neigen allgemein dazu, die religiöse Verantwortung in der Familie den ‚Frauen und anderen Profis' zu überlassen. Frauen haben es da oft leichter, weil sie erspüren, dass unsere Realität nur ein Ausschnitt ist von einem größeren Netz, in das wir eingebunden sind.

Für den Zweidrittler Mose beginnt hier etwas Neues. Er ‚blickt' etwas. Er versteht, dass seine Wirklichkeit durchdrungen ist von einer anderen Wirklichkeit. Damit bekommt sein Alltag plötzlich eine neue Bedeutung. Gott ist offensichtlich nicht angewiesen auf heilige Räume und die Abgeschiedenheit besonderer Stunden. Er ist mittendrin und der heilige Boden ist genau da, wo Mose eben gerade ist.

Komm nicht näher: Gott ist Gott ist Gott

So alltäglich die Begegnung anscheinend ist, Mose kommt doch auch an eine Grenze, die er nicht überschreiten darf. „Komm nicht näher!"

Das erscheint vielleicht ungewöhnlich. Unsere Generation hat wie keine Generation zuvor Religion immer als Selbstbedienungsladen vermittelt bekommen: Ich nehme mir, was mir schmeckt und passt. Ich verwende, was mir gefällt. Ich gebrauche, was hilft oder helfen könnte. Wir brauchen den Hinweis Gottes, dass wir ihm aus eigener Kraft nicht nahe kommen können, ja nicht einmal nahe kommen dürfen.

Wenn Gott wirklich Gott ist und nicht eine Projektion unserer Wünsche und Ängste, dann kann es nicht anders sein: Es muss eine Grenze geben zwischen uns Menschen und dem heiligen Gott. Ein Gott, der nicht wirklich über den Menschen steht, ist sehr wahrscheinlich keiner.

Schon immer durchdringt Gott die Welt von Mose. Und als der das erkennt, setzt Gott dennoch eine Grenze. Er ist nicht verfügbar. Er bietet Mose keine Magie an, mit der er im Instant-Verfahren alle menschlichen Probleme lösen kann. Gott will die Beziehung, aber lässt sich nicht benutzen. Mose ist ein Mensch. Gott ist Gott ist Gott.

Der Gott der Geschichte

Dann sagte er: *„Ich bin der Gott deiner Vorfahren, der Gott Abrahams, Isaaks und Jakobs."*

Man darf sich Mose nicht als bibelfesten Patriarchen vorstellen. Die jüdische Religion war zu dieser Zeit alles andere als fest gefügt und abgeschlossen. Schriftliche Grundlagen hat es gar nicht gegeben. Der Schwiegervater von Mose war zwar ein Priester – aber einer anderen Religion!

Gott muss sich erst einmal vorstellen. Und er macht das so, dass ein Bewahrer, ein Zweidrittler, es verstehen kann: *„Ich bin der Gott deiner Vorfahren, der Gott Abrahams, Isaaks und Jakobs."*

Gott knüpft an das Wissen der Vergangenheit an, an das Vertrauen der Kindheit, die Urtypen des Glaubens, die Tradition in der Religion.

Das ist heute gar nicht mehr so einfach! Denn für Religion sind nicht nur andere zuständig, die eigenen religiösen Wurzeln werden von vielen heute schon gar nicht mehr wahrgenommen. Im Osten unserer Republik kennt man die Namen und Verknüpfungen noch weniger als im Westen.

Und auch im Westen gibt es wenige der Urtypen, bei denen man noch anknüpfen kann. Allenfalls Gefühle werden noch ausgelöst.

Manche sprechen schon von der Alzheimergesellschaft, bei der die Krankheit nur zum Vorschein bringt, was gesellschaftlich den Alltag prägt: Wissen geht verloren, Wesentliches zählt nicht mehr, die Verlängerung des Lebens hat Vorrang vor der Vertiefung des Lebens.

Auch heute muss Gott sich wieder neu vorstellen. Durch so eine Ur-Geschichte wie die von Mose zum Beispiel. „Ich bin der Gott, der Mose schon so begegnet ist wie du es dir wünschst. Und ich bin der Gott, der die Kultur deiner Welt entscheidend geprägt hat."

Auch Mose weiß nicht viel von Gott. 40 Jahre lang hatte er sich von seinen Wurzeln wegbewegt. 40 Jahre lang hatte er keinen Kontakt mehr zu seiner „Kultus- und Kulturgemeinschaft" gehabt. Wie viel hatte er wohl vergessen?

In der Tiefe geht es in der Spiritualität nicht um Wissen, sondern um Gewissheit und Vertrauen. Selbst wer die Bibel auswendig kann, wird dadurch nicht notwendig mit Gott in Berührung kommen. In der Tiefe geht es um die Beziehung zu Gott. Sie erschließt die neuen Möglichkeiten für das Leben. Sie macht das Leben tiefer. Da mag viel vergessen und verloren sein, was früher noch gewusst war. Aber das ist nicht das Entscheidende.

Dennoch knüpft Gott zunächst genau beim Wissen der Vergangenheit an. „Ich bin der Gott, den dein Vater verehrt hat." Wahrscheinlich konnte sich Mose noch erinnern an seinen Vater, der zum Gott Abrahams, Isaaks und Jakobs betete.

Die drei sind weit entfernte Vorfahren von Mose, die von sich sagen konnten, dass sie eine persönliche Beziehung zu Gott hatten.

Mose geht es so wie vielen, die sich heute vielleicht noch erinnern können an die Tante, den Großvater, die Energie geladene Religionslehrerin, an Menschen, die etwas hatten, das erahnen ließ: Die kennen den Gott, von dem sie sprechen. Das sind keine Tagträumer und Bibelverrückten. Die wissen, von wem sie reden, sie leben in einer Beziehung zu ihm. Und sie handeln sogar nach dem, was sie glauben.

Die eigene Herkunft wahrnehmen

Gott selbst knüpft an und zeigt sich als Gott der Geschichte, der bis in das Leben von Mose hineingewirkt hat. Sein Vater hat es ihm noch vorgelebt! Und der hatte selbst Vorbilder. Abraham war eines davon.

Es gibt eine direkte, aber sehr verschlungene Linie von Abraham zu Mose. Mose hat sie bisher nicht gesehen. Jetzt kann er sie ahnen. Dieser Gott von Abraham, von Isaak und von Jakob, der war auch Gott für den Vater von Mose. Und derselbe Gott spricht jetzt mit Mose.

Lange vor Mose war Gott schon da. Und vielleicht ahnt Mose, dass Gott nun seine Geschichte weiter schreiben will mit seinen Menschen und dass er eines Tages auch der Gott von Mose genannt sein will.

Meine Herkunft, meine Geschichte

Ich könnte meine eigene Lebensgeschichte auf zwei verschiedene Arten grob skizzieren. Einmal sieht das so aus: Mir ist es nicht in die Wiege gelegt worden, dass ich eines Tages mein Leben mit Gott gestalten würde. Als ich geboren wurde, gab meine Mutter mich direkt nach der Geburt in ein Heim. Etwa 18 Monate war ich dort, bevor ich in eine Pflegefamilie kam. Meine Entwicklung war eindeutig nicht altersgemäß. Weder konnte ich mich bewegen wie andere Kinder in meinem Alter noch konnte ich mich ausdrücken. Ich hatte einen Wortschatz von 2 Wörtern und konnte mich nur durch Weinen und Schreien äußern.

In der Pflegefamilie, in der schon zwei Kinder waren, lernte ich, mich einzuordnen und geschickt zu überleben, indem ich mich ‚lieb Kind' machte. Ich hatte immer eine Außenseiterposition, war immer das unregelmäßige Verb im Vokabelheft der Familie, bin nie adoptiert worden.

Beim Zerbruch der frommen Familie war ich 19 Jahre alt. Ich war das einzige der nun 4 Kinder, das mit der Mutter ging, die, vorsichtig ausgedrückt, massive Probleme mit sich selbst hatte.

Mein leiblicher Vater war nie mehr als das Wissen um die biologische Notwendigkeit eines solchen und die Sehnsucht, auch einen Vater haben zu wollen. Der Pflegevater war nicht um eine Beziehung zu mir bemüht. Selbst der Schwiegervater zeichnete sich vor allem durch das Kreisen um sein eigenes Lebenstrümmerfeld aus.

Nach Abitur und Ausbildung geriet ich in eine tiefe Identitätskrise und begann nach meiner Ursprungsfamilie zu suchen. Ich war zum Menschenhasser geworden, enttäuscht von der Welt, von Gott, von mir selbst. Ich war verloren und orientierungslos, weil ich nicht wusste, wer ich wirklich war. Diese Krise führte mich in eine therapeutisch ausgerichtete Seelsorge, in der ich schließlich zu meinen wirklichen Wurzeln zurück fand.

Eine zweite Lesart meiner Lebensgeschichte könnte so aussehen: Meine Mutter kam aus einer rheinländisch-katholischen Familie, die eine gewisse Freiheit mit klaren Werten verband. Dass ich nicht abgetrieben wurde, ist von daher gut nachvollziehbar. Die Pflegefamilie, in die ich hineinkam, war freikirchlich geprägt. Es gab Großeltern, die intensiv für alle Kinder der Familie beteten. Über die Jahre hinweg habe ich viele Menschen kennen gelernt, deren Glauben lebhaft und deren Leben glaubhaft war: Die Religionslehrerin, die mich in der Grundschule begeistert hat, der Großvater, der klare Werte hatte und ein weites Herz, der Mitschüler, der katholischer Priester werden wollte, und viele andere mehr.

Mitten in meiner Identitätskrise begann ich wie bei den Labyrinthrätseln in der Kindheit nach Verbindungen zu suchen und entdeckte mehr und mehr die Spuren Gottes.

Er war mir begegnet in vielen, vielen Menschen. Er war es, der mir als Person vermittelt worden war und nicht nur als unförmige, unfassbare Kraft. Er war es, der mir in der Pflegefamilie immer wieder Zeichen seiner Fürsorge hatte zukommen lassen. Er war es, der mein Leben bereits im Mutterleib bewahrt hatte.

Es war ein Wunder, das mit dem Dornstrauchwunder vergleichbar ist, als ich mich während einer intensiven Seelsorgezeit plötzlich diesem Gott gegenüber fand und erkannte: Hier ist mein wirklicher Vater. Hier ist der, der mich mit seiner Lebenskraft ins Leben befördert hat. Hier ist der, der gegen alles Nein in meinem Leben längst und von Anfang an sein Ja gesetzt hat. Seitdem hat sich mein Leben verändert. Ich bin ich.

Die gleiche Veränderung habe ich bei anderen häufig begleitet und entstehen sehen, auch bei Zweidrittlern: Menschen sind dem Gott begegnet, der ihnen aufgedeckt hat, dass er längst und lange schon eine Geschichte mit ihnen hat: „Ich bin der Gott, den dein Vater verehrt hat. Ich bin der Gott Abrahams, Isaaks und Jakobs."

Und indem sie diese Geschichte erkennen, die Gott bereits mit ihnen hat, lesen sie ihr Leben neu und werden selbst. Neu.

Die spirituelle Herausforderung

Mose verhüllte sein Gesicht, denn er hatte Angst davor, Gott anzuschauen.

Mose fürchtet sich. In diesem Maße und mit einem Schlag Gott zu begegnen ist auch nicht unbedingt so leicht zu verkraften. ‚Ehrfurcht' wird diese Reaktion genannt. Ich spüre plötzlich, wie klein ich bin – und wie groß mein Gegenüber. Und einen zweiten Grund für die Furcht von Mose gibt es: Mit dem Hinschauen auf die bisher verborgene Realität ist ja auch verbunden, sich einzugestehen, was man bisher alles nicht gesehen hat. Wenn es tatsächlich diese tiefere Realität, diese andere Wirklichkeit, vielleicht sogar den Gott gibt, der Person, Gegenüber ist – warum hat das alles im zweiten Drittel des Lebens so wenig Gewicht gehabt? Und: Was mache ich nun mit der neuen Erfahrung? Was wird sich dadurch alles ändern?

Hier beginnt die Herausforderung, die spirituelle Herausforderung für Zweidrittler. Gegen eine Gesellschaft, die Sie immer noch nicht wirklich wahrnimmt, werden Sie von dem Gott, der Mose sieht und anspricht, gesehen und angesprochen.

Wo sich das Alltägliche und der Allmächtige verbinden

Gott spricht zu „religiös ungeübten" Zweidrittlern dadurch, dass er das Alltägliche und Gewohnte durchbricht und neu zusammensetzt. Der Ort ist die Wüste des Alltags:

Der Strauch brennt, aber er verbrennt nicht. Für Sie könnte das erfahrbar werden, wenn Sie sozusagen die Wüste wählen, sich bewusst Irritationen aussetzen.

Manche Irritationen bestehen längst. Ich habe gelernt, dass ich bewusst hinschauen muss. Mein Vorschlag: Suchen Sie danach. Was wäre denn gewesen, hätte Mose nur gesagt: „Aha, ein brennender Strauch. Kenne ich schon."

Statistiken und Zeitungsmeldungen haben mich schon manchmal aufhorchen lassen: ‚Das ist ja seltsam, dass ich noch lebe!', ‚Komisch, dass es mir nicht viel schlechter geht!', ‚Irritierend, dass ich in diesem relativen Luxus lebe: Arbeit zu haben, Freunde, mich bewegen zu können …' All das ist irritierend, wenn ich es als Irritation zulasse.

Manchmal erschrecke ich nach einer langen Autofahrt regelrecht: Schon wieder überlebt. Das ist doch nicht normal!

Die mystischen Momente und die spirituellen Erfahrungen kommen häufig viel weniger spektakulär daher als wir vermuten oder befürchten. Der Allmächtige verbindet sich mit dem Alltäglichen.

Wertbestimmung

Gott ruft Mose und zeigt ihm, wie wichtig der Zweidrittler ihm ist.

Was sagt Ihnen, dass sie wichtig sind, unersetzlich? Anders gefragt: Was hilft gegen die Erfahrung als austauschbar, veraltet oder sogar als potenzielle Belastung eingeschätzt zu werden?

Machen Sie doch einmal den Test und fragen Sie sich selbst, wonach Sie Ihren Wert bestimmen. Hier ein paar Vorschläge. Die Liste ist selbstverständlich offen und beliebig verlängerbar.

- Leistung ist ein beliebter Maßstab (beruflich, sexuell, Leistung auch im Sinne einer schöpferischen oder Wert schöpfenden Energie: Was habe ich vorzuweisen, was habe ich geschafft?).
- Teilhabe an der Konsumgesellschaft ist ein beliebter Maßstab für den Wert eines Menschen geworden (was kann ich mir leisten, welche Freizeitbeschäftigungen, welche Güter, welchen Lebensstil, wie viel Urlaub?).
- Status-Symbole gehören nach wie vor zu den Favoriten, um den eigenen Wert zu unterstreichen. Nicht wenige kaufen zu Beginn des Ruhestandes ein größeres Auto.

Wie gesagt, die Liste lässt sich fortsetzen. Was bestimmt Ihren Wert? Merken Sie, dass es immer wieder um den Versuch geht, sich von außen den eigenen Wert bestätigen zu lassen?

„Dich meine ich, in dich investiere ich mich, für dich habe ich bereits alles gegeben!" – der Wert, den ein Mensch bei Gott hat, ist ein unendlich hoher Liebhaberwert. Auch wenn Sie selbst Mühe mit der Begründung des Wertes haben: Er ist da.

Oh Gott!

Es ist heiliger Boden, auf dem Mose steht. „Zieh die Schuhe aus, komm nicht näher". Ehr-Furcht ist die Folge einer wirklichen Begegnung mit dem wirklichen Gott.

Die meisten stellen immer wieder Gott auf den Prüfstand: Wie kann er das Leid zulassen, warum ist nicht alles anders und warum bin ich nicht gesund, reich und schön?

Gott passt auf keinen Prüfstand, aber vielleicht ja die Gottesvorstellungen. Hier ein paar Fragen an Ihr Gottesbild.

- Wenn Gott wirklich Gott ist, dient er dann Ihnen, oder dienen Sie ihm?
- Wenn Gott wirklich Gott ist, ist er dann eine (nutzbare) Kraftquelle oder hat er einen Willen und ist damit Person mit Anrecht auf eine Beziehung?
- Wenn Gott wirklich Gott ist, welche Auswirkungen könnte das für Sie haben in Bezug auf Arbeit/Finanzen, Beziehungen, Gesundheit und Sinn?

Mir ist bewusst, dass ich die Fragen mit einer gewissen Tendenz gestellt habe. Ihre Antworten müssen nicht dieselbe Tendenz haben. Sie sollen nur Klarheiten bringen.

Oh mein Gott!

Nachdem Sie dieses Buch bis hierher gelesen haben, ist wahrscheinlich klar: Spirituelle Erfahrung in der Tradition eines Mose ist nicht unbedingt die Engelserscheinung oder die Anstrengung asketischer Übungen. Die Stimme Gottes kann in alltäglicher Umgebung gehört werden.

Weil Gott bei Mose in der eigenen Vergangenheit und in der Geschichte seiner Kultur anknüpft, kommen die folgenden Fragen sicher nicht überraschend:

- Gibt es Teile der christlich-jüdischen Tradition, in denen Sie etwas von ‚Gott' erkennen können? Für viele ist das zum Beispiel an Weihnachten so. Da haben sie manchmal ein Gefühl von dieser Wirklichkeit hinter der Wirklichkeit und dass hinter allem vielleicht ein Sinn stecken könnte, wenn Gott so ist, wie er da beschrieben wird.
- Gibt es Erfahrungen, die Ihnen zeigen: So könnte Gott sein? Gibt es zum Beispiel die Erfahrung unbedingter Liebe, Vergebung, Bewahrung in einer gefährlichen Situation …?

- Erinnern Sie sich, wie selbstverständlich Sie als Kind von einer Realität hinter den Wirklichkeiten überzeugt waren?
- Gibt es Menschen, die Sie durch konsequenten Glauben beeindruckt haben?

Erzählen Sie sich selbst doch die Geschichte Ihres Lebens noch einmal neu. Gott knüpft häufig an längst vergessene Wahrheiten und Erinnerungen an. In unserer Tradition als christliches Abendland mit seinen gewachsenen Werten und in unserer persönlichen Geschichte lässt sich an verschiedenen Punkten erkennen, dass da noch etwas, noch jemand anderes beteiligt ist. Auch das, was wir als Kinder erlebt und als weitere Dimension unseres Lebens wahrgenommen haben, wird von Gott als Teil seiner Geschichte mit uns aufgedeckt.

Diese Geschichte will Gott nun, nach zwei Dritteln unseres Lebens, mit uns fortschreiben.

Ich sehe das Leid

Der Herr sagte: „Ich habe gesehen, wie schlecht es meinem Volk in Ägypten geht, und ich habe auch gehört, wie sie über ihre Unterdrückung klagen. Ich weiß, was sie dort erleiden müssen.

Darum bin ich gekommen, um sie aus der Gewalt der Ägypter zu retten. Ich will sie aus diesem Land herausführen und in ein gutes, großes Land bringen."

So viele Werte, die für die Babyboomer in ihrer Zeit als Jugendliche und junge Erwachsene wichtig waren, sind in Vergessenheit geraten. Die 80er-Shows haben einiges davon wieder zu Tage gefördert. Doch die Erinnerungen an Demos und Spaß, an den Schock über Tschernobyl und die Lust am Unsinn in der Neuen Deutschen Welle, an Lebensfreude und Wut über Ungerechtigkeit, an Hausbesetzungen und Menschenketten, diese Erinnerungen waren für viele auch mit Bitterkeit überzogen: Lang, lang ist's her. Vorbei!

Die Weisheit der alten Erzählung von der Begegnung zwischen Gott und Mose liegt darin, dass Gott die Festlegungen schlicht ignoriert. Warum vorbei? Wieso nicht wieder anknüpfen?

Festlegungen

So schön es ist, dass Gott dem Zweidrittler etwas zutraut – für Mose ist das, was er da zu hören bekommt, nicht besonders realistisch. Er ist festgelegt. Er weiß wie es läuft. Er weiß, was nicht geht.

Die Macht der Formeln in uns

Woher kommen die Festlegungen? Warum haben sie solche Macht? Sie haben ihre Macht, weil sie bei Zweidrittlern häufig zu Formeln geworden sind. Sie sind fest formulierte, immer wiederkehrende Sätze, Ausdrücke, mit denen sich Zweidrittler vor allem dann niedermachen, wenn wieder einmal etwas schief geht. Sätze wie: „Das kannst du sowieso nicht", „Doof bleibt doof, da helfen keine Pillen", oder kurz und prägnant: „Du Idiot". Die Macht solcher Formeln liegt darin, dass sie nicht mehr hinterfragt werden. Sie haben eine Autorität, die außer Frage steht.

Manche dieser Formeln sind schon im Kindesalter in ein Leben hinein gesprochen worden.

Mein Pflegevater wusste zum Beispiel schon immer, dass ich zwei linke Hände habe. In der Tat hatte und habe ich Schwierigkeiten in der Links-Rechts-Koordination. Das heißt, dass meine linke Hand häufig ein wenig verzögert reagiert, eine Folge meiner ersten Monate im Heim. Lange Zeit habe ich diese Formel von den zwei linken Händen akzeptiert. Zum Glück habe ich sie irgendwann dann doch durchbrochen. Ich bastle einfach unglaublich gerne!

Manche Formeln sind jünger, aber wir haben sie einfach über die Jahre oft gehört. „Mit 50 gehörst du zum alten Eisen", „Was Hänschen nicht lernt, lernt Hans nimmermehr". Sie klingen plausibel. Und wir finden über die Jahre ja auch Beispiele dafür, dass sie wahr sind – oder doch sein könnten.

Manche Formeln haben wir auf diese Art von außen bekommen, andere sind in uns entstanden. „Das mache ich nie wieder", oder „Das lasse ich mir nie wieder antun", „Ich vertraue keinem mehr" sind sicher Klassiker. Aber auch solche wie „Ich will auch mal was vom Leben haben" oder „Das machen doch alle" und „Wer zu spät kommt, den bestraft das Leben" sind solche Formeln, die letztlich festlegen, einzwängen, versklaven. Ihre Macht besteht in der Selbstverständlichkeit, mit der wir sie als Wahrheit annehmen und uns nach ihnen richten.

Eine der Formeln, die in dieser Weise Macht hat, will ich noch herausgreifen. Sie ist männlicher als viele andere Formeln. Der Schwabe sagt: „No in nix neikomma" (Nur in nichts hineingeraten). Auf Hochdeutsch: Was geht's mich an? Das ist ein Satz, der festlegt, einzwängt und wirkliches Leben häufig unmöglich macht.

Probleme anderer Leute

Eine meiner Lieblingsszenen aus dem Satire-Klassiker „Per Anhalter durch die Galaxis" ist die Landung eines Raumschiffes mitten in einem vollbesetzten Cricket-Stadion während eines Spieles. Doch niemand sieht das Raumschiff, denn es ist mit einem PAL-Feld umgeben. PAL-Feld? Das steht für „Problem Anderer Leute". Sobald jemand auf das Raumschiff sieht, hat er das Gefühl, ein Problem anderer Leute wahrzunehmen und schaut sofort wieder weg. Und weil das alle so machen, bleibt das riesige Raumschiff mitten auf dem Spielfeld unentdeckt. Alle schauen weg. Niemand will mit den Problemen anderer Leute konfrontiert sein. Eine bessere Tarnung kann es nicht geben.

Für Mose war das nicht ganz so einfach. Er hat mehrere hundert Kilometer zurückgelegt, um sicherzugehen, dass ihn die Probleme der Israeliten in Ägypten nicht mehr erreichen können. Denn das Problem dieser anderen Leute ist für ihn auch die Konfrontation mit den gescheiterten Träumen und Idealen seiner Jugend. Leidgeprüfte Ehefrauen werden sich erinnern, dass Verdrängung schon bei den eigenen Problemen ein relativ typisch-männliches Verhalten ist. Wenn die Schrankwand nicht repariert werden kann, dann wird eben ein Stuhl vor das demolierte Eck geschoben: Was ich nicht sehe … Und wenn sich im Garten die Arbeit türmt, dann stellt „Mann" sich den Liegestuhl eben auf den Balkon. Am Abend ist da ja auch Sonne …

Die Techniken, um zu verdrängen, sind unterschiedlich. Sehr beliebt ist es eben auch, Probleme ganz grundsätzlich zu Problemen andere Leute zu machen. PAL – und damit sind sie erledigt. Die höhere Schule: Dinge zu Problemen anderer Leute erklären, die man selbst einmal sehr ernst genommen hat und bei denen man sich selbst engagiert hat. PAL – und damit sind sie dann erledigt.

Oft haben wir natürlich gar keine Wahl. Wir müssen verdrängen, was uns wichtig war, um nicht ständig den verflossenen Träumen nachzutrauern. Wir müssen heute Schritte gehen und dürfen nicht immer noch weiter über die verpassten Abzweigungen nachdenken. Frauen und Männer mit Mehrfachbelastungen in Beruf und Familie, in Ehrenamt und Weiterbildung können es sich über viele Jahre hinweg seelisch und emotional nicht leisten, allzu viel zurückzublicken auf die verlorenen Ideale der Jugend.

Manche aber verpassen dann auch den Zeitpunkt, an dem es wieder möglich wäre, an dem der Druck nachlässt und neue Freiheit entsteht. Sie verpassen die Gelegenheit, wieder anzuknüpfen bei dem, was früher einmal ganz oben auf der Prioritätenliste stand. Sie haben resigniert.

Resignation ist die Bekehrung zum Teufel

Auch dieses ganz normale und alltägliche Verhalten hat eine spirituelle Dimension. Denn Festlegungen gehören nicht zum Repertoire Gottes. In der Begegnung von Mose und Gott wird deutlich, dass Gott vielleicht nicht einen Plan, aber ganz sicher ein Ziel für das Leben von Menschen hat:

Es soll sich entfalten, zur Freiheit führen, auch für andere.

Das ist das Zeichen, unter das er das Leben von Mose gestellt hat. Lateinisch heißt Zeichen ‚signum'. Das „Re-Signieren" bedeutet, das Zeichen wieder wegzunehmen, etwa eine Fahne, die in einem eroberten Land steht, wieder abzuziehen.

Festlegungen sind eine Form der Resignation. Resignation ist die Bekehrung zum Teufel, weil sie die Entfaltung des Lebens unmöglich macht. Festlegungen nehmen das Zeichen wieder weg, unter das unser Leben gestellt ist: Wir sollen frei sein und Menschen zur Freiheit helfen.

Gott, so berichtet es das Buch Exodus, knüpft an bei den gescheiterten Idealen von Mose, bei den verdrängten Träumen seiner Jugend. „Ich habe auch gesehen, was du gesehen hast. Ich weiß, dass dich die Bilder verfolgen."

Jede und jeder hat eigene Bilder vor Augen. Für Mose sind es die Antreiber, die auf die hilflosen Israeliten einschlagen. Für mich sind es Kinder, die keine Heimat haben. Was ist es für Sie? Sind es vielleicht auch Bilder aus Ihrer Jugend? Demonstrationen gegen Raketenaufstellungen? Die Bilder von 1989 vom Platz des himmlischen Friedens? Lichterketten gegen Rassismus? Gott sagt: „Ich sehe das Leid, das Unrecht und die Schuld. Ich habe dieselben Bilder vor Augen wie du."

Ich sehe das Leid. Und ich will befreien

Ein Mensch, der bleibende Spuren hinterlässt, ist einer, der anderen zur Freiheit verhilft. Dafür gibt es viele Möglichkeiten. Der Vorteil, den der Zweidrittler hat: Er kann realistisch mit seinen Kräften haushalten.

„Ja, ich habe die Hilfeschreie der Israeliten gehört; ich habe gesehen, wie die Ägypter sie quälen. Darum geh nach Ägypten, Mose! Ich sende dich zum Pharao, denn du sollst mein Volk Israel aus Ägypten herausführen!"

Schon der Umstand, dass Gott das Leid sieht, könnte einen wie Mose trösten. Doch Gott geht weiter. Das ist eine Besonderheit am jüdisch-christlichen Glauben, der gerade an dieser Stelle oft unterschätzt wird. Dieser Glaube ist Kulturgut und eine Kraft, die die Gesellschaft in der Vergangenheit geprägt hat. Mit diesem ‚unseren' Glauben werden deshalb oft zwei Dinge verbunden. Zum einen der Kult, der auch Trost und Begleitung an den Wegkreuzungen des Lebens meint. Der Glaube soll und darf da auftauchen, wo Geburt, Initiation in die Erwachsenenwelt, Paarbildung, Verlust und schließlich der Tod solche Wegkreuzungen markieren. Zum anderen wird der Glaube verstanden als Kultur, als Wissen aus vergangen Zeiten, Wissen um die Wurzeln unserer Gesellschaft und unserer Grundordnungen. Daran ist grundsätzlich nichts auszusetzen, doch beide Aspekte erfassen weder den Kern noch die Tiefe der Religion, die wir leben. Judentum und Christentum haben ein gemeinsames Bekenntnis: Dass Gott die Freiheit will. Gott ist persönlich an der Freiheit seiner Menschen interessiert. Gott befreit – und das ist sehr umfassend gemeint.

Ich befreie aus Unrecht

Dass die Sklaverei heute in der so genannten christlichen Welt abgeschafft ist, hat viel damit zu tun, dass Einzelne die Radikalität der Bibel wiederentdeckt haben. Ich bin der Überzeugung, dass Gott uns ein Bewusstsein für Recht und Unrecht gegeben hat, das aber im Lauf der Jahre und durch kulturelle Gegebenheiten verdeckt wird. Doch immer wieder deckt Gott auf, nimmt er Menschen in die

Pflicht, sich für das Recht und die Gerechtigkeit stark zu machen. Die Mennoniten, die Quäker und verschiedene andere christliche Gruppen geben ein gutes Beispiel dafür mit ihrem Kampf gegen die Sklaverei. Auf die Bibel gestützt entdeckten sie die Würde der Menschen, mit denen gehandelt wurde – und setzten sich für sie ein.

Der Auftakt der Zehn Gebote heißt bis heute (Altes Testament, Exodus 20,2): „Ich bin der HERR, dein Gott! Ich habe dich aus Ägypten herausgeführt, ich habe dich aus der Sklaverei befreit." Und das Bekenntnis der Christen ist im Galaterbrief zu finden (Neues Testament, Galater 5,1): „Christus hat uns befreit; er will, dass wir jetzt auch frei bleiben. Steht also fest und lasst euch nicht wieder ins Sklavenjoch einspannen!"

Gott will und wird aus Unrecht befreien. Das ist die – immer noch radikale – Botschaft des christlichen Glaubens.

Ich befreie aus Schuld

Wer heute noch glaubt, die 68er hätten der Moral ein Ende gemacht, der muss neu hinschauen. In den 70er und 80er Jahren wuchs auf veränderten Werten eine ganz neue „moral majority". Umweltbewusstsein, Gleichberechtigung, Kommunikation und Beziehungsarbeit, Trauerarbeit, Ernährungsbewusstsein, politische Kriterien für den Einkauf von Waren wurden immer mehr zu Themen. Der Effekt ist: Die Menschen heute, am Anfang des 21. Jahrhunderts, sind sich bewusst, dass sie immer etwas schuldig bleiben – vielleicht mehr als je eine Generation zuvor.

Aber außer Verdrängung und immer neuem Druck gibt es kaum Ansätze, um mit der Schuld umzugehen. Auch die Psychowelle hat wieder neuen Druck ausgelöst. Nun muss man an sich arbeiten, muss sich auseinandersetzen, aufarbeiten etc. Das alles ist nicht falsch. Es soll auch nicht kritisiert werden. Aber es unterstreicht, wie stark wir heute in einer Welt leben, die moralisch ist, fordert. Der Druck ist auch erhöht worden durch immer weniger Arbeitsplätze. Die „soft skills", die „weichen Fähigkeiten" wie soziale Kompetenz, Kommunikationsfähigkeit etc. spielen eine immer größere Rolle bei Bewerbungen. Auch hier wächst der Druck, die Erwartung. Und wer ehrlich ist, merkt: Ich bleibe immer etwas schuldig.

Die Botschaft des christlichen Glaubens sagt: Gott will, dass du frei wirst! Dafür setzt er sich selbst ein. Er hat gesühnt, ist für das aufgekommen, was du nicht leisten kannst. Das ist nicht platt gemeint, man kann sich nicht darauf ausruhen, dass jemand anderes, in diesem Falle Gott, es „dann schon richten wird". Aber die Erfahrung zeigt: Es entlastet, wenn man mit seinen Grenzen versöhnt ist. Und es kann sogar das Leben gesünder machen, wenn jemand solches Gottvertrauen hat.

Ich befreie dich aus dem Drehen um dich selbst

Das „Volk", das in Ägypten herangewachsen ist, ist eigentlich ein Haufen, mehr zufällig entstanden. Erst durch die Erfahrungen, die diese Menschen in der Geschichte des Exodus miteinander machen, wird das Volk geprägt und zu einer Gemeinschaft gemacht. Genau das ist Gottes Idee von Befreiung. Er befreit nicht nur Einzelne ‚von' etwas. Er befreit sie zueinander. Und er befreit sie zur Gemeinschaft auch mit dem Gott, der die Freiheit schenkt und ein Leben in Freiheit möglich macht.

Gottes großes Ziel der Befreiung ist es, die Menschheit insgesamt wieder zur Gemeinschaft mit sich und untereinander zu befreien. Wo Menschen sich vor allem um sich selbst drehen, sind sie begrenzt und letztlich bei aller ‚Freiheit von' immer noch gefangen. Wahre Freiheit ist erst da, wo sie auch ‚Freiheit zu' ist: Freiheit zur Gemeinschaft.

Gott will und wird befreien aus dem Drehen um sich selbst. Für Mose wird das schneller wahr, als es ihm lieb ist.

Der Schock

„Darum geh nach Ägypten, Mose! Ich sende dich zum Pharao, denn du sollst mein Volk Israel aus Ägypten herausführen!"

Aus meiner Sicht ist die spirituelle Erfahrung, die Mose macht, bis hierher sehr ermutigend. Gott begegnet ihm im Alltag, er knüpft an seine Geschichte an und schließlich führt er ihn zurück in die Zeit seiner Ideale und Träume.

Bevor ich Ihnen einige Möglichkeiten zeige, selbst auch wieder bei den Idealen und Träumen anzukommen und aus den Festlegungen und Formeln auszusteigen, muss ich Sie allerdings warnen. Als Zweidrittler wird von Mose nun eine Entscheidung gefordert: Willst du das noch kommende Drittel ganz bewusst gestalten? Willst du es mit mir gestalten und etwas wirklich Bewahrendes, Befreiendes tun? Mehr noch: Willst du ein Teil der Befreiung von Unrecht, von Schuld und der Befreiung zur Gemeinschaft sein? Das ist ein Schock. Mose soll die Befreiung ermöglichen.

Das Ende der Festlegungen

Bei Gott gibt es kein altes Eisen. Er will Menschen bei seiner Befreiungsaktion haben, die sich an die Träume der Jugend erinnern und sie mit der Erfahrung der Zweidrittler umsetzen können. Gott will das Ende der Festlegungen. Was wollen die Zweidrittler? Einige Hilfen.

Welche der folgenden Formulierungen/Formeln kennen Sie aus eigener Erfahrung?

- Das kannst du sowieso nicht!
- Dumm bleibt dumm!
- Du Idiot/Du Blödmann!
- Das lasse ich mir nie wieder antun!
- Ich vertraue keinem mehr!
- No in nix neikomma (Das PAL-Feld)!
- Mit 50 gehörst du zum alten Eisen!
- Was Hänschen nicht lernt ...
- Das mache ich nie wieder!

Gibt es andere Formeln, die Ihnen einfallen? Vielleicht im Zusammenhang mit den Lebensbereichen Arbeit/Finanzen, Beziehungen, Gesundheit, Sinn? Gibt es fest formulierte Sätze, die Ihnen einfallen, ...

... wenn Sie Ihre Kontoauszüge anschauen;

... wenn Sie hören, sehen, lesen, dass ein Manager mehrere Millionen Abfindungssumme erhalten hat;

... wenn etwas Unerwartetes passiert (plötzlicher Besuch des redseligen Schwagers, Panne auf der Urlaubsfahrt, Wiedersehen mit einem seit Jahrzehnten nicht gesehenen Schulkameraden ...);

... wenn Sie nach einem Streit mit Ihrem Lebenspartner, Ihren Kindern oder Freunden alleine sind;

... wenn Sie beim morgendlichen Gang zum Bäcker plötzlich kurzatmig werden;

... wenn Sie zur Krebsvorsorgeuntersuchung gehen;

... wenn Sie ans Sterben denken;

... wenn Sie überlegen, was Sie im Leben richtig und was Sie falsch gemacht haben?

Die Macht der Formeln brechen

Manchmal sind solche Formeln auch in Galgenhumor versteckt: „Was uns nicht tötet, macht uns hart" denkt der eine, als er erfährt, wie wenig er an Rente zu erwarten hat. Er meint aber: „Da kannst du sowieso nichts machen! Dem bist du ausgeliefert." Und das ist eine Festlegung. Warum kann man da nichts machen? Wie könnte es denn anders gehen? Warum nicht zusätzlich zur Rente arbeiten? Was ist daran ehrenrührig oder unnormal? Was stört daran?

Formeln, so habe ich vorhin einmal formuliert, haben so viel Macht, weil sie Formulierungen sind, die nicht mehr hinterfragt werden.

Anders herum könnte man sagen: Sie können ihre Macht verlieren, wenn wir wieder anfangen zu fragen.

Hier ein paar Fragen, die hilfreich sind:

- Wer hat dir denn das erzählt?
- Warum?
- Wie könnte es anders gehen?
- Wo willst du eigentlich hin?
- Was ist deine Leidenschaft?
- Brauchst du das?
- Wie könntest du aus den tatsächlich bestehenden Begrenzungen für dich Möglichkeiten machen, dein Leben zu erweitern und zu vertiefen?

Welche Fragen könnten Ihnen weiterhelfen, um die Macht der Formeln, die Sie bei sich entdeckt haben, zu brechen? Haben Sie da eigene Ideen?

Anknüpfen an die vergangenen Träume

Die Erzählung von der Berufung des Mose zeigt, wie inspirierend es sein kann, wie sehr es tatsächlich in Bewegung setzt, wenn wir uns bewusst machen, dass die Träume der Jugend nicht ausgeträumt und vorbei sein müssen. Mit der Lebenserfahrung, die Sie jetzt haben, können Sie unter Umständen viel größere Ziele erreichen als es Ihnen in Ihrer Jugend möglich war.

Im Bereich der Arbeit und Bildung ist das für mich immer sehr schnell einzusehen. Als Schüler habe ich auf die nächste Arbeit gelernt und nur mein Kurzzeitgedächtnis bemüht. Schade! Aber mir fehlten die Ziele und ich hatte nicht die Erfahrung, um aus dem Wissen mehr zu machen, als einfach nur eine Note auf dem Weg in die Ferien. Wenn ich heute lerne, eine Fortbildung besuche oder auch nur einen Dokumentarfilm sehe, dann ist das anders.

Was hätten Sie als Jugendlicher denn gerne gelernt? Welchen Beruf hätten Sie gerne ausgeübt? In welchem Berufsfeld hätten Sie gerne etwas unternommen? Es ist noch nicht zu spät, ein Drittel Ihres Lebens liegt noch vor Ihnen!

Wo hätten Sie gerne angepackt, die Welt verändert? Wo wollten Sie dabei helfen, dass sich die Verhältnisse ändern?

Was sagen Freunde und ehemalige Jugendfreunde, wenn Sie fragen: „Wie war das damals? Wie war ich damals?"

Ihre Träume waren unter Umständen damals schon ganz nah dran an den Träumen Gottes. Sie könnten Ihre Bestimmung werden.

Im Bereich der Beziehungen ist es auch nicht schwer, wieder zu den Anfängen zurückzukehren. Vielleicht waren Sie auch mal einer von den Menschen, die sich vorgestellt haben, aus der Bürgerlichkeit auszubrechen. Eine Wohngemeinschaft war Ihr Traum, bis Sie gemerkt haben, dass der Haufen junger Leute einfach nicht genug Weitblick hat, um eine gemeinsame Küche in Schuss zu halten und mit Konflikten angemessen umzugehen.

Wie wäre das heute? Es gibt viele gute Vorbilder für generationenübergreifendes Wohnen und für gemeinsames Leben im Alter.

Haben Sie davon geträumt, dass in Ihrer Ursprungsfamilie Frieden einkehrt? Könnte die Befreiung, die Gott mit Ihnen unternimmt, dort ansetzen?

Haben Sie davon geträumt, dass Ihre Wohnung eine Anlaufstelle für Gäste aus dem Ausland sein könnte?

Welche Beziehungen haben Sie sich erträumt? Wo hatten Sie andere Vorstellungen vom Zusammenleben, als sie es heute leben?

Welche Rolle hat Ehrlichkeit für Sie gespielt, als Sie selbst ein Jugendlicher waren? Wie wichtig war es, authentisch und klar zu sein? Wie gerne hätten Sie in manchen Beziehungen einmal die Wahrheit ausgesprochen?

Im Bereich der Gesundheit hatten Sie vielleicht auch einmal ganz andere Vorstellungen als das, was Sie heute erleben. In meinen Vorstellungen zum Beispiel gibt es keinen Bauch, es sei denn, er ähnelt einem Waschbrett.

Ich habe mir immer vorgestellt, jemand zu sein, der anpackt und anpacken kann. Ich bin mir heute sicher, dass das eine Vorstellung ist, die Gott gefällt und die auch sein Traum von mir ist. Fitness ist wesentlich für die Gesundheit.

Gesundheit und Zufriedenheit werden häufig in einem Atemzug genannt. Eine von meinen ganz frühen Phantasien ist allerdings auch die, ich wäre durch einen Unfall auf den Rollstuhl angewiesen. Ich habe mir immer vorgestellt, damit gut umgehen zu können und mit der Behinderung ein erfülltes Leben zu führen. Ob Sie ähnliche Vorstellungen hatten? Gott knüpft an Ihre Träume von einem Leben an, in dem Sie zufrieden sind an Leib und Seele, vielleicht auch mit einem Körper, der nicht Ihren Idealvorstellungen entsprechen kann.

Im Bereich von Sinngebung und Spiritualität bin ich mir sicher, dass viele Männer im Lauf der Jahre immer mehr abgestumpft sind für die Fragen, die sie als Jugendliche noch hatten. Jetzt ist eine gute Gelegenheit dazu, zurückzukommen auf die Fragen der Jugend. Tatsächlich leben viele Jugendliche viel bewusster mit der Realität des Todes als die Menschen, die doch deutlich näher an ihm dran sind. Was kommt danach? Wartet irgendwo ein Gott? Wo ist dieser Gott jetzt? Ist das gerecht, was er tut? Es muss doch mehr im Leben geben, was ist das?

An Gottes Seite

Immer wenn wir so an unsere Jugend, an unsere Ideale und unsere Fragen anknüpfen, hören wir sozusagen die Stimme Gottes, die uns sagt: Ich sehe das, was du einst sahst.

Wir kommen zurück an Gottes Seite, wenn wir wieder zu den Idealen zurückkommen, zu den Träumen und zu dem Traum von einem ‚guten Leben'.

Du gehst! Berufen, um zu befreien

Das Erschrecken geht natürlich da los, wo wir tatsächlich Ernst machen wollen. Heraus aus den Festlegungen? Das ist kein leichter Weg. Zurück zu den Träumen? Ja, schon, aber: Diese Träume Wahrheit werden lassen?

Die Mose-Geschichte lehrt uns eine Wahrheit, die sich seit Tausenden von Jahren nicht geändert hat: Wenn wir wollen, dass sich etwas ändert, müssen wir uns ändern. Und da beginnen die Einsprüche und Widersprüche in uns. Das ist eine Auseinandersetzung, die Zeit braucht. Deshalb ist es gut, rechtzeitig damit anzufangen. Aber wem sage ich das! Sie sind ja schon dabei.

KAPITEL 5: EINSPRÜCHE UND WIDERSPRÜCHE

Mose wäre kein Zweidrittler, wenn er jetzt ‚Hurra' schreien würde. Das kann er nicht! Sich neu orientieren, umdenken? Alles oder doch vieles anders machen als gedacht? Kein Altersruhesitz auf Mallorca, kein „die Beine hochlegen"?

Es tut gut, zu erfahren, dass es eine andere Wirklichkeit gibt – für Zweidrittler auch deshalb, weil die Spanne bis zum Tod kürzer ist als die bereits durchlebte.

Die lange Zeit der Auseinandersetzung

Es ist gut, die spirituelle Dimension (wieder) zu entdecken und bewusster damit zu leben – aber muss es denn gleich so radikal sein?

Es ist gut zu merken, dass Gerechtigkeit und Gemeinschaft nicht nur eine persönliche Utopie sind, sondern verbindendes Glied zu einer tieferen Wirklichkeit, von Gott gestiftet, zwischen allen Menschen. Aber muss es ausgerechnet ich sein, der diese Wirklichkeit ans Licht holt? Und überhaupt: Was habe ich denn beizutragen? Habe ich nicht schon genug gearbeitet? Ich will das auch gar nicht!

Ich bin mir sicher, dass der Teil, der nun berichtet wird, eine längere zeitliche Spanne eingenommen hat als die Zeilen der Bibel das zunächst vermuten lassen. Es ist eine Auseinandersetzung, die Mose mit Gott, aber vor allem mit sich selbst führt. Eine notwendige, eine unumgängliche Auseinandersetzung für die heutigen Zweidrittler.

Das Versäumte eingestehen

Es ist ein seltsamer Druck, dem Zweidrittler ausgesetzt sind. Frauen bekommen das wahrscheinlich oft noch deutlicher zu spüren als Männer. Einige von ihnen sind für die Familienphase aus ihrem Beruf ausgestiegen. Jetzt, wenn sie wieder einsteigen wollen, müssen sie sich und immer wieder auch anderen eingestehen, was sie versäumt haben, vergessen, vielleicht nie gelernt. Nur so können sie den Anschluss an das Berufsleben wieder finden.

Viele Männer der Babyboomer-Generation haben ebenfalls ein Defizit, aber ein ganz anderes. Sie sind ungeübt in allem, was ihre wirklichen Bedürfnisse angeht. Das macht die Auseinandersetzung mit den wichtigen Themen in der Regel nicht ganz einfach.

Ich mache gerne einen kleinen Test mit verheirateten Männern, indem ich sie frage, wo in der Wohnung ‚ihr Platz' ist. Das Ergebnis: Viele haben eine ganze Wohnung, ein ganzes Haus zur Verfügung, aber keinen Platz, der wirklich ihrer ist. Die Ausnahme ist manchmal der Platz vor dem Computer, die Werkstatt oder ein bestimmter Fernsehsessel. Nicht selten ist aber der einzige Platz, von dem sie sagen können, dass es wirklich ‚ihrer' ist, ihr Bett. Wo kommt das Bedürfnis nach Heimat, nach Ruhe, nach Geborgenheit zum Tragen? Bei vielen Männern sind in fast allen Lebensbereichen die wesentlichen Weichenstellungen, die Zielsetzungen an andere delegiert. Im Bereich Arbeit und Bildung, im Bereich Spiritualität, im Bereich Beziehungen und natürlich auch im Bereich Gesundheit ist die Verantwortung dafür, wohin die Reise geht, an andere delegiert. Vier Einwände macht Mose und in den vier Einwänden finden sich diese vier Bereiche wieder. Hier ein erster Einblick, bevor ich ins Detail gehe.

Viele von uns Zweidrittlern meinen immer noch, sie könnten auf keinen Fall aus dem Laufrad in der Arbeitswelt heraus, in dem sie sich befinden – es sei denn, sie würden gefeuert. Manche, die das bereits erlebt haben, meinen, sie kämen nie wieder weg von ihrem Warteplatz in den tristen Fluren der Agentur für Arbeit. Doch sie haben seit Jahren nicht mehr nachgefühlt, was sie wirklich gerne machen würden, mit Leidenschaft, mit echter Energie. Damit haben sie die Verantwortung delegiert. Erst wenn der Chef mich entlässt, erst wenn der Konzern baden geht, werde ich mein Leben selbst in die Hand nehmen. Erst wenn mir von anderen etwas zugetraut wird, werde ich selbst mir auch wieder etwas zutrauen.

Mose entdeckt, das werden wir gleich noch intensiver anschauen, seine eigene Spiritualität wieder. Die ist nicht vorhanden! Oder zumindest sehr verschüttet. Vielleicht hat er sie an seine Frau delegiert, die ist schließlich auch die Tochter eines Priesters. So machen es viele Zweidrittler: Für Religion und Sinngebung ist die Frau zuständig. Oder die Lebensabschnittsgefährtin. Vielleicht können auch deshalb Männer nach einer Trennung viel weniger gut allein leben als Frauen?

Doch eines Tages stehen sie hoffentlich so ehrlich da wie Mose und fragen: „Gott, wie soll ich dich eigentlich ansprechen? Wie ist dein Name? Ich weiß nicht wirklich viel über dich. Und wenn ich nach Sinn suche, wenn ich ihn bei dir suche, dann habe ich große Sorge, dass ich mich zum Narren mache."

Den Bereich der Beziehungen haben viele Männer um die 50, ähnlich wie die spirituellen Bedürfnisse, an ihre Frauen delegiert. Oder sie haben sich im Vereinsleben, im kirchlichen Leben eingerichtet. Doch nur sehr wenige haben einen wirklich guten Freund. Nur wenige haben Beziehungen, die unabhängig von der Familie und dennoch quer durch die Generationen hindurch gehen. Nur wenige haben Freundschaften, die tiefer gehen als das Gespräch über den neuesten Kleintierzüchter-Tratsch; Beziehungen, die tragfähig sind und bis zum Tod stabil bleiben können.

Männer heute achten mehr auf Fitness, doch viele haben nie wirklich ein Verhältnis zu ihrem Körper gefunden. Dass Männer, die in die Jahre kommen, nicht mehr in die Höhe, sondern nach vorne wachsen, das wäre den Männern eigentlich egal. Aber die Frau schimpft, die Krankenversicherung droht teurer zu werden und den peinlichen Fragen beim Arzt will man eigentlich auch aus dem Weg gehen. Es sind zwar mehr, aber bei weitem noch nicht viele Männer, die entdeckt haben, dass regelmäßige Bewegung ihnen wirklich gut tut. Es ist ein Bedürfnis von ihnen. Nur wenige haben ausprobiert, was wirklich ihr Bedürfnis ist: Radfahren, joggen, schwimmen, wandern, walken – es gibt unendlich viele Möglichkeiten.

Dein Horizont wird weiter, wenn du dich bewegst – Neuorientierung in Arbeit, Finanzen und Bildung

„Darum geh nach Ägypten, Mose! Ich sende dich zum Pharao, denn du sollst mein Volk Israel aus Ägypten herausführen!" Aber Mose erwiderte: „Ich soll zum Pharao gehen und die Israeliten aus Ägypten herausführen? Wer bin ich schon?"

Mose hat eine Menge Gründe, warum er weder der Geeignete ist noch die Mission Erfolg haben kann. Vom Ende her betrachtet hat er Unrecht. Tatsächlich dürfen wir eines aber nicht übersehen: Die Fakten und die Logik sind auf seiner Seite. Wer heute die Situation der Zweidrittler im Bereich der Erwerbsarbeit ‚realistisch' betrachtet, kommt schnell auch zu dem Schluss: Du hast keine Chance!

Im Gespräch mit Gott lernt Mose etwas über die Sichtweise Gottes, bei ihm geht der Satz – ganz realistisch – weiter: Du hast keine Chance, also nutze sie!

Das ist ein Prinzip, das gerne mit dem Namen James Stockdale verbunden wird. Stockdale war während des Vietnamkrieges von 1965 bis 1973 in Kriegsgefangenschaft. Er war der ranghöchste amerikanische Offizier im berüchtigten Lager „Hanoi Hilton“. Als er gefangen genommen wurde, war es sehr wahrscheinlich, dass er das Lager nicht mehr lebend verlassen würde. Er entwickelte innerhalb des Lagers Regeln, damit die Gefangenen besser mit den Folterungen umgehen konnten, er selbst wurde misshandelt und hatte schwer zu leiden. Das alles in völligem Abgeschnittensein von der Außenwelt und ohne eine Perspektive, je wieder so etwas wie Normalität erleben zu können.

Als er Jahrzehnte später einmal gefragt wurde, wie er das aushalten konnte, sagte er: „Ich habe nie den Glauben an ein gutes Ende verloren. Ich zweifelte nie daran rauszukommen und war mir sogar sicher, dass ich am Ende als Sieger hervorgehen und die gemachte Erfahrung zum Schlüsselerlebnis meines Lebens werden würde. Im Nachhinein wollte ich nicht tauschen.“

Auf die Frage, wer es nicht geschafft habe, sagte er: „Die Optimisten.“ Damit meinte er die, die völlig unrealistisch davon ausgingen, das nächste Weihnachtsfest im Kreis der Familie feiern zu können. Und wenn das nicht eintraf, dann vertrösteten sie sich auf Ostern ...

„Das ist eine ganz wichtige Lektion: Über dem Glauben an ein gutes Ende – an dem man immer festhalten muss – darf man nicht vergessen, sich mit den brutalen Tatsachen der momentanen Situation auseinanderzusetzen, wie schlimm diese auch sein mögen.“

Das Stockdale-Paradox: Die Realität so brutal sehen wie sie ist und gleichzeitig mit Hoffnung vorwärts gehen – das ist die Haltung, die Zweidrittlern heute gut stehen würde.

Aber Mose erwiderte: „Ich soll zum Pharao gehen und die Israeliten aus Ägypten herausführen? Wer bin ich schon?"

Zweidrittler sind keine jungen Leute, die Gründe erfinden, um einer unangenehmen Arbeit aus dem Weg zu gehen. Mose spricht mit seiner Lebenserfahrung. Auf einen wie ihn warten die Israeliten bestimmt nicht! Sie werden nicht beeindruckt sein von den Führungsqualitäten, die er bei seinen Schafen und Ziegen bewiesen hat. Auch der Pharao, der Gottkönig Ägyptens, wird sich selbstverständlich nicht beeindruckt zeigen, wenn er als Provinzler kommt und Forderungen stellt.

Nach allem, was in diesem Buch bisher zu lesen war, bleibt eben doch die brutale Wahrheit: Wer 50 wird, ist auf dem Arbeitsmarkt ein Ladenhüter. Eine neue Herausforderung? Eine neue Aufgabe? Ein neuer Start? Viele Zweidrittler sind darauf nicht vorbereitet. In beruflichen Zusammenhängen wird das leider oft deutlich.

Viele Zweidrittler haben längst aufgegeben. Ein Versuch, die Arbeitsstelle zu wechseln wird immer aussichtsloser, die Konkurrenz der Jungen immer stärker – der neue Chef ist jünger als sie es sind.

Sie erleben, dass sie an vielen Stellen nicht mehr gebraucht werden und richten sich in dieser Situation ein: unglücklich, aber passiv. Das Erkämpfte wird verteidigt.

Sie gestalten nicht mehr, sondern warten auf den Ruhestand.

Sie haben – nicht immer, aber immer wieder – fast so etwas wie ein schlechtes Gewissen, weil sie ein Unverhältnis spüren zwischen schwindenden Kräften und immer noch ansteigenden Bezügen, Gehältern und Urlaubszeiten.

Sie leben nicht, sondern leben auf das zu, was kommt,

wenn sie nicht mehr arbeiten müssen. Eines Tages werden sie vielleicht wirklich nur noch auf verpasste Gelegenheiten und Möglichkeiten zurückschauen können, die sie mit 68 eben nicht mehr haben, weil sie dann aus dem Berufsleben wirklich verschwunden sind.

Im beruflichen Umfeld wird deutlich: Viele Zweidrittler sind wirklich nicht darauf vorbereitet, ihr Leben selbst in die Hand zu nehmen. Die brutale Wahrheit ist: Sie fühlen sich ausgeliefert, von anderen gelebt, oft überfordert und schon ausreichend damit beschäftigt, dass das Erarbeitete auf demselben Stand bleibt und nicht weniger wird. Wer wie ich damit lebt, dass er erst mit 67 in Rente gehen kann, für den gibt es eine sehr lange Zeit des Stillstands. Mit einigem Recht kann man sagen: Faktisch wird schon vorweggenommen, was eigentlich erst 17 Jahre später kommen sollte. Innerlich setzt man sich zur Ruhe, macht Dienst nach Plan.

Mose sieht sich realistisch: Ich bin auf diese Wirklichkeit nicht vorbereitet; ich habe in der Realität meiner Welt nicht genug zu bieten, um selbst wieder anzuknüpfen an meine Träume.

Interessant ist, wie Gott darauf reagiert.

Du wirst es wissen, wenn du wieder hier bist

Der Herr antwortete: „Ich stehe dir bei und gebe dir ein Zeichen, an dem du erkennst, dass ich dich gesandt habe: Wenn du mein Volk aus Ägypten herausgeführt hast, werdet ihr mir an diesem Berg hier Opfer darbringen!"

Gott argumentiert die Fakten nicht weg! Er bleibt sozusagen im Stockdale-Paradox: Seine Antwort ist die Zusicherung, dass er dabei sein wird in den Veränderungen: „Ich werde dir beistehen." Stockdale hatte das Vertrauen, als

Sieger aus der hoffnungslosen Situation hervorzugehen. Gott gibt für Mose ein Ziel vor: „Hier an dieser Stelle wirst du wieder sein – zusammen mit den anderen und du wirst mich anbeten!" In die Situation der Zweidrittler übersetzt: Wenn du mit 50 schon vorwegnimmst, was eigentlich erst 17 Jahre später kommen sollte: Warte es ab. Wenn du wirklich an dieser Stelle bist – also 67 Jahre alt – wirst du mir dankbar sein für das, was geschehen ist. Mit dir zusammen werden andere dankbar sein, wenn du an die Träume deiner Jugend anknüpfst.

Die Schwierigkeit für Zweidrittler ist es, sich in Bewegung zu setzen. Sie kennen die Fakten (vielleicht besser als viele Jüngere), aber sie kennen eben nur die Fakten ihres eigenen Horizontes. Und sie verwechseln diesen Horizont mit der Realität.

Dazu sind wir ‚Kinder der Demokratie' auch erzogen worden: Wir meinen immer eine Meinung haben zu müssen, mit unserem Halbwissen die Welt erklären zu müssen. Uns wird vorgegaukelt, wir wüssten, was wir tun, wenn wir einer Partei unsere Stimme geben. Auch der immer lauter werdende Ruf nach Volksabstimmungen macht genau das deutlich: Wir glauben, Bescheid zu wissen.

Doch die ernüchternde, aber unabänderliche Wahrheit ist: Wir wissen wenig und egal wie viel wir wissen und an Erfahrung gesammelt haben, unser Horizont ist begrenzt. Deshalb können wir bei großen Entscheidungen auch nicht davon ausgehen, dass wir Bescheid wissen. Wir kennen Fakten. Aber kennen wir auch alle Fakten?

Die Wahrheit, die hinter dem steht, was Gott sagt, ist: Unser Horizont wird erst weiter, wenn wir uns in Bewegung setzen.

Für Zweidrittler heißt das auch, neue Wege im Bereich ihres Arbeitslebens zuzulassen. Noch einmal eine Ausbildung? Eine neue Herausforderung? Selbstständigkeit? Als ich über Mose und die Zweidrittler einmal eine Andachtsreihe im SWR-Radioprogramm gemacht habe, bekam ich darauf überdurchschnittlich viele Reaktionen. Die meisten kamen von Männern, die sich in dem, was ich erklärt hatte, wiedergefunden hatten. Die Geschichte eines Mannes ist mir besonders in Erinnerung geblieben. Er berichtete, wie er im Zuge von Umstrukturierungen seinen Arbeitsplatz verloren hatte. Mit 52 Jahren schenkte man ihm bei der Agentur für Arbeit nur ein mitleidiges Lächeln und versuchte ihn schonend auf die Rente vorzubereiten.

Mehrere hundert Bewerbungen und Ablehnungen später entschloss der Kaufmann sich, an die Träume seiner Jugend anzuknüpfen und endlich etwas im sozialen oder rechtlichen Bereich zu machen. Er begann, sich im Bereich Arbeitsrecht fortzubilden und machte sich parallel dazu selbstständig als Betreuer und Vormund. Heute berät und betreut er Menschen. Er verdient weniger als er das früher getan hat, aber er ist glücklicher als lange Zeit vor seiner Kündigung.

Dein Horizont wird weiter

Die spirituelle Wahrheit ist: Gott lässt uns nicht im Stich, wenn wir uns mutig in Bewegung setzen. Garantien auf Erfolg? Fragen Sie nicht. Gehen Sie los. Ihr Horizont bleibt begrenzt, wenn sie stehen bleiben. Er weitet sich mit jedem Schritt, den Sie vorwärts machen. Verlegen Sie Ihr persönliches „Aus" nicht unnötig weit nach vorne. Ein Drittel Ihres Lebens liegt noch vor Ihnen!

An welche Träume und Vorstellungen Ihrer Jugend könnten Sie anknüpfen? Was ist Ihnen eingefallen?

Und wo hatten Sie das Gefühl, für die Verantwortung, für die Herausforderungen nicht richtig vorbereitet zu sein?

Könnte es sein, dass Sie einfach einmal losgehen müssen? Und was heißt das?

Wollen Sie in der aktuellen Erwerbsarbeit noch einmal richtig die Ärmel hochkrempeln? Schließlich ist es doch genau das, was Sie schon immer wollten! Wollen Sie in diesem Bereich Ihre Erfahrung mit Jüngeren teilen?

Wollen sie die aktuelle Erwerbsarbeit reduzieren und parallel etwas anderes, auch Ehrenamtliches aufbauen? Zum Beispiel durch Fortbildung?

Wollen Sie Erwerbsarbeit ganz oder teilweise aufgeben?

Wollen Sie die Branche wechseln?

Welches wären die ersten Schritte?

Was sind die Folgen? Was sind Sie bereit, einzusetzen? Welche Opfer sind Sie bereit zu bringen?

Und nächstes Jahr um diese Zeit? Wo könnten Sie da sein? Wie wäre es, einfach einmal erste Schritte zu machen und sich einen Termin zu setzen, an dem Sie überprüfen, ob Ihr Horizont weiter geworden ist?

Eine wichtige Bitte zum Schluss dieses Teils zum ersten Einwand von Mose gegen die großen Pläne, die Gott mit ihm hat: Bitte bleiben Sie im Stockdale-Paradox. Es stimmt: Viele trauen Ihnen nichts mehr zu. Sie haben keine Chance. Nutzen Sie sie!

Vertrauen lernen – Neuorientierung in Spiritualität und Sinngebung

Mose entgegnete: „Wenn ich zu den Israeliten komme und ihnen sage, dass der Gott ihrer Vorfahren mich zu ihnen gesandt hat, werden sie mich nach seinem Namen fragen. Was sage ich dann?" Gott antwortete: „Ich bin euer

Gott, der für euch da ist. Darum sag den Israeliten: ‚Ich bin für euch da' hat mich zu euch gesandt. Ja, der Herr hat mich geschickt, der Gott eurer Vorfahren, der Gott Abrahams, Isaaks und Jakobs. – Denn das ist mein Name für alle Zeiten. Alle kommenden Generationen sollen mich mit diesem Namen anreden, wenn sie zu mir beten."

Mose fragt: „Wie ist dein Name?" Als wäre er einer der heutigen Zweidrittler, so schielt er dabei zunächst auf die Wirkung, die es haben wird, wenn er sich verändert. Werden die anderen, die Israeliten in Ägypten, ihn für verrückt halten? Wird er sich legitimieren können? Er hört sie innerlich schon sagen. „Der ist jetzt fromm geworden" oder „Der rennt jetzt auch jeden Sonntag in die Kirche" oder ganz schlicht und ergreifend: „Völlig durchgeknallt".

Mose muss eingestehen – wieder ganz realistisch – dass er nicht weiß, mit wem er es wirklich zu tun hat. Und es wäre gut, das zu wissen. Denn davon hängt ab, ob man ihn für voll nehmen kann und wird. „Gott, wer bist du? Wie ist dein Name?"

Das Du (wieder) entdecken

„Wie ist dein Name?" So fragt Mose. Irgendwann einmal, als Kind, war er ja ganz vertraut mit Gott, sozusagen auf du und du. Jetzt muss er nachfragen.

Und ab hier wird es noch einmal sehr intim. Die eigene spirituelle Praxis scheint mir bei den meisten Männern bis heute ein Tabu zu sein. Ein paar wenige, meist Esoteriker und Exoten, erzählen von ihren spirituellen Erfahrungen – und wenn sie das tun, dann nicht selten mit einem missionarischen Eifer, der nicht besonders gut ankommt. Glaube ist etwas sehr Persönliches.

Irgendwann einmal als Kind war es für fast alle ganz normal, dass Wunder geschehen. Gottes Existenz war kein Problem, sondern eine Tatsache. Es gab ihn – genauso wie den Weihnachtsmann, die Hexe in Hänsel und Gretel oder den Osterhasen. Keine Frage, dass zu diesem naiven Glauben niemand zurück will.

Der Gott, dessen Name „Alles-was-du-nicht-erklären-kannst-schieb-auf-mich" ist, den gibt es nicht. Aber wie ist der Name Gottes? Oder anders gefragt, denn darum geht es bei der Frage: Was gibt meinem Leben Sinn? Denn die Antwort auf die Frage nach Gott muss genau diese Sinnfrage beantworten. Sie muss beantworten, wo ich herkomme, wer mich gemacht hat. Sie muss beantworten, welchen Sinn oder Zweck mein Leben jetzt hat, warum ich wichtig bin. Und sie muss beantworten, wo ich hingehe, was das Ziel meines Lebens ist.

Sinn kann in ganz unterschiedlichen Bereichen entstehen. Ich habe schon Menschen getroffen, die ihren Lebenssinn darin sahen, alte Rasenmäher zu sammeln und zu reparieren, alle Bundesligaergebnisse auswendig zu lernen oder Gewittern hinterherzureisen. Und glauben Sie mir, das sind nicht die schlechtesten Sinnangebote! Die Menschen, die in solchen Betätigungen Sinn erleben, haben eines in ihren Schilderungen gemeinsam: Sie können davon berichten, wie sie beim Reparieren eines Rasenmähermotors, beim Anblick einer Gewitterwolke oder in der Vertiefung der Tabellen aus dem Jahr 1990 völlig die Zeit vergessen haben, sich selbst vergessen haben, die Welt vergessen haben – sie haben sich darin verloren.

Ähnliches haben Sie vielleicht schon bei einem Sonnenuntergang erlebt. Es gibt diese Momente auch, wenn sie nicht mit einer Tätigkeit verbunden sind. Man schaut einfach nur und die Natur ist so schön, dass man sich in ihr verliert und ganz und gar hingegeben einfach nur schaut. Und gleichzeitig hat man das Gefühl, noch nie so nah bei sich selbst gewesen zu sein.

Ich bin der festen Überzeugung: Das ist ein Grundprinzip des Lebens. Das ist die Sehnsucht nach dem eigentlichen Sinn. Wir finden Sinn in unserem Leben genau da, wo wir uns selbst loslassen. Wo wir uns verlieren und uns hingeben, da finden wir uns und werden uns neu geschenkt. Jesus hat es wunderbar einfach auf den Punkt gebracht: „Wer sich selbst verliert, wird das Leben finden" (nachzulesen in Matthäus 10,39).

Wenn Sie mir so weit folgen, dann hoffe ich, dass Sie auch den nächsten Schritt mitgehen. Wenn ich Sinn genau da finde, wo ich mich hingebe, mich verliere, dann ist für mich die Frage: An was gebe ich mich denn hin? An was verschenke und verströme ich mich? In was bin ich bereit, mich zu verlieren? Für manche ist das ein Hobby. Für andere eine politische Überzeugung. Es gibt viele Beispiele, die bei weitem nicht nur mit Fanatismus zu tun haben. Ohne die vielen, die sich rund um Martin Luther King an die Idee der Gewaltlosigkeit hingegeben hatten, wären die Vereinigten Staaten wohl bis heute in Sachen Gleichbehandlung aller noch weit hinterher. Aber: Eine Sache, eine Überzeugung oder Ideologie, kann mir zwar die Frage beantworten, wozu ich da bin. Sie zeigt den Zweck meines gegenwärtigen Lebens. Doch meine Herkunft und mein Ziel bleiben im Dunkel. Ein Sinn, der wirklich und bleibend Sinn macht, sollte die anderen beiden Fragen auch beantworten.

Viele Männer können allerdings schon mit der Frage, an was sie sich verschenken, nur wenig anfangen. Denn sich hinzugeben bedeutet auch, die Kontrolle abzugeben. Und die Furcht vor Kontrollverlust ist bei Zweidrittlern ein besonders ausgeprägter Zug.

Vielleicht ist die Furcht nicht ganz so groß, wenn die Frage umformuliert wird: Nicht an ‚was', sondern an ‚wen' verschenke ich mich? An wen gebe ich mich hin? An wen verströme ich mich? Doch, das dürfen Sie gerne auch sexuell verstehen! In einer Partnerschaft, einer Ehe, einer wirklich guten Beziehung erleben Menschen Sinn: Ausgerechnet da, wo ich mich ganz an jemanden ausliefere, finde ich mich selbst auf unvergleichlich intensive Art. Ausgerechnet da, wo ich nur noch darauf aus bin, den anderen glücklich zu machen, erlebe ich selbst eine Befriedigung, die mich daran glauben lässt, dass es ein Leben in einer anderen Dimension gibt. Wie gesagt, das dürfen Sie gerne auch sexuell verstehen. Aber bitte nicht nur. Sexualität oder eine sexuelle Beziehung ist nicht wirklich sinnstiftend. Sie zeigt nur auf, wie Sinn entsteht, nämlich durch vertrauensvolle Hingabe. Und Sexualität gibt damit einen Vorgeschmack auf Leben mit wirklichem Sinn: Sinn wird dann in besonderem Maß erfahren, wenn er an eine Person gebunden ist. Wenn die Hingabe nicht nur an eine Sache erfolgt, sondern an ‚Jemand'.

Nun werden Sie mir wahrscheinlich zustimmen, dass das eine Überforderung innerhalb einer Partnerschaft wäre, wenn sich die Partner gegenseitig den Sinn für ihr Leben geben müssten. Ich jedenfalls wollte das ungern, dass meine Frau den Sinn ihres Lebens in der Beziehung zu mir hätte. Und: Die Fragen nach dem Woher und Wohin des Lebens wären auch da nicht beantwortet.

Der Sinn des Lebens erschließt sich in etwas, an das ich mich hingeben kann, bei dem ich mich verströmen und verlieren kann. Indem ich mich verliere, finde ich mich. Indem ich mich hingebe, bekomme ich mich neu geschenkt. Der Sinn des Lebens ist eher in einer Beziehung zu einer Person als in der Beziehung zu einem Denksystem oder einer Sache zu finden. Gleichzeitig sollte der Sinn aber etwas sein, das in etwas seinen Grund findet, das größer ist als ich, oder auch einfach größer als ein Mensch. Deshalb geben sich viele Menschen an einen „guten Zweck“ hin. Darin finden sie Erfüllung, Sinn. Sie erahnen, dass ihr Leben einen Zweck hat.

Der Sinn des Lebens sollte sich nicht darin erschöpfen, dass das Leben einen Zweck hat. Sinn bedeutet auch: Ich weiß wo ich herkomme und ich weiß wohin die Reise geht. Dazu müsste aber das, was mir Lebenssinn gibt, eine Person sein, ein ‚Du', das vor mir da war und das nach mir sein wird. Und damit sind wir wieder bei Mose. Wie ist dein Name? So fragt er. Irgendwann einmal, als Kind, war er ja ganz vertraut mit Gott, sozusagen auf du und du. Jetzt muss er nachfragen. So naiv wie damals geht es nicht mehr. Es geht auch um viel mehr! Wo geht die Reise hin? Was ist der Zweck meiner Existenz? Und darüber hinaus: Was wird sein, wenn ich gestorben bin?

Die Frage von Mose könnte auch die Frage der Zweidrittler sein: Wie ist dein Name, Gott? Wer bist du? Kann ich dir vertrauen? Kann ich mich an dich hingeben, verströmen, mich in dir verlieren? Kann ich die Kontrolle abgeben an dich und so zu mir selbst finden und mich neu geschenkt bekommen? Bist du Person und bist du größer als ich, dass ich in dir meinen Ursprung, meinen Zweck und meine Zukunft finde?

Ich bin da – das ist mein Name

Gott antwortete: „Ich bin euer Gott, der für euch da ist. Darum sag den Israeliten: ‚Ich bin für euch da' hat mich zu euch gesandt. Ja, der Herr hat mich geschickt, der Gott eurer Vorfahren, der Gott Abrahams, Isaaks und Jakobs. – Denn das ist mein Name für alle Zeiten. Alle kommenden

Generationen sollen mich mit diesem Namen anreden, wenn sie zu mir beten."

Gott nennt seinen Namen. Auf Hebräisch ist der Name „Jahwe". Das hebräische Wort schillert so bunt wie ein Regenbogen: Ich bin. Ich war. Ich bin der, als der ich mich erweisen werde. Ich bin, der ich bin.

Das alles sind Übersetzungsmöglichkeiten des Gottesnamens Jahwe. Dieser Name sagt nichts über das „Sein an sich" aus. Das Wort dahinter ist beweglich, dynamisch, voller Kraft: Werden, geschehen, sich ereignen, da-sein.

Dass viele Übersetzungen „HERR" in Großbuchstaben zur Wiedergabe des Namens benutzen ist Tradition und zeugt von einer etwas übertriebenen Scheu, den Namen Gottes unnötig auszusprechen. Man will nicht gegen eines der zehn Gebote verstoßen. Dabei tritt die eigentliche Bedeutung des Namens leider in den Hintergrund.

Am eingängigsten und sozusagen die Zusammenfassung aller wirklichen Übersetzungsmöglichkeiten ist: „Ich bin da, der ich da bin". Oder ganz kurz: „Ich-bin-da". Das ist der Name Gottes. Und der Name ist Programm. Im Alten wie im Neuen Testament zeigt sich in der Geschichte Gottes, dass er der Gott ist, der da ist. Mehr noch: Er ist der, der für die Menschen da ist. Er ist erreichbar. Er ist für sie.

Leider wird das oft vergessen in der Gleichmacherei der Religionen. Weder Judentum noch Christentum sind ja in ihrem Wesen Buchreligionen. Beide sind Beziehungsreligionen. Gott ist der Ich-bin-da. Er ist der Gott, der die Beziehung zu sich will und anbietet. Jesus ist Mensch gewordener Gott, der „Gott ist für dich". Der Name Jesus bedeutet „Jahwe, der Ich-bin-da, bringt Heil".

Wenn Zweidrittler sich in die spirituelle Dimension des Lebens vortasten, werden sie diesen Gott erleben, der da ist. Erinnern Sie sich an die doppelte Anrede an Mose? Gott spricht ihn an: „Mose, Mose!“, denn Mose ist diesem Gott wichtig.

Das kann nur sein, wenn da eine Person ist „auf der anderen Seite“, nicht nur eine unpersönliche Kraft oder Macht.

Ich bin da, sagt Gott. Wo haben Sie Erfahrungen gemacht, die Ihnen sagen: Da habe ich vielleicht etwas von der Gegenwart Gottes erkennen können, von seiner Liebe gespürt oder ganz schlicht seine Existenz geahnt? Wo spüren Sie seine Spuren?

Gott bleibt Gott. Das Geheimnis bleibt.

Gott ist der Ich-bin-da. Das ist ein geheimnisvoller Name, der gleichzeitig ein Zuspruch ist. Wer diesem Gott vertraut, ist nicht allein. Diesem Gott zu vertrauen heißt aber auch, ihn anzuerkennen als Gott. Und das bedeutet: Er ist der Chef.

Er ist da, aber er ist nicht dafür da, uns zu beglücken und uns als Konsumenten zu umsorgen. Einen solchen Gott würde niemand als Gott ernst nehmen.

Offensichtlich hat Mose schon ein wenig Vertrauen zu dem wirklichen Gott gefasst, auch wenn er ihn noch nicht als Chef anerkennt. Er erwartet immerhin schon einmal ehrliche Antworten. Und die haben etwas mit seiner Lebenssituation als Zweidrittler zu tun.

Im Sträuben gegen eine neue Rolle oder gar ein neues Verhalten stecken oft schlechte Erfahrungen. Oftmals sind das sehr realistische Einschätzungen und tatsächliche Erfahrungen und Enttäuschungen. Für Mose ist es ja eine Erfahrung: Die Israeliten, die Hebräer – sie haben ihm schon einmal „nicht geglaubt". Das steht für ihn für die ganze Enttäuschung. Sie haben ihm nicht geglaubt, dass er auf ihrer Seite ist. Sie haben ihm nicht geglaubt, dass er die Verhältnisse ändern will. Sie haben ihm erst recht nicht geglaubt, dass er die Verhältnisse ändern kann! Sie haben nicht an ihn geglaubt. Sie wollten ihn nicht als einen der ihren akzeptieren.

Das ist die Enttäuschung, die hinter der bitteren Frage von Mose steht. Und das ist der Einwand von Mose, der am meisten Zeit benötigt. Es ist nicht angenehm, sich den schlechten Erfahrungen zu stellen. Es ist nicht einfach, solche Enttäuschungen zu überwinden. Deshalb der Tipp: Wer früher anfängt, kann früher damit „fertig werden".

Realistische Zweidrittler entdecken die Notwendigkeit, feste Gemeinschaften zu bilden, vielleicht ganz anders geformt als das, was sie bisher gelebt haben. Da geht es nicht mehr nur um Familie und Vereinszugehörigkeiten. Da geht es um Beziehungsgeflechte, in die wir wirklich eingebunden sind. Viele haben sich bisher noch verkapselt und in Kokons zurückgezogen, man kennt nicht einmal mehr die Nachbarn mit Namen.

Die Notwendigkeit wächst aber, Menschen zu suchen und zu finden, die „mir glauben". Manche sprechen in diesem Zusammenhang von einem „Clan", einem festen, über mehrere Generationen reichenden Beziehungsgefüge, das sich der Zweidrittler selbst schafft. Manche sprechen auch von einem „sozialen Konvoi", das ist sozusagen die soziale Absicherung, die weit über das Finanzielle hinaus geht.

Manche Enttäuschungen, die ich mit Menschen erlebt habe, die „mir nicht glauben", habe ich überwinden können, indem ich gefragt habe: „Wozu kann ich diese Erfahrung nutzen? Welche Lehren habe ich daraus gezogen?" An vielen Stellen entdecke ich, dass Fähigkeiten, auf die es nach der Einschätzung von Experten in den nächsten Jahrzehnten besonders ankommen wird, bei mir durch solche schlechten Erfahrungen gewachsen sind. Menschenkenntnis, Fairness und Kommunikation gehören zu diesen Fähigkeiten.

Wenn Sie aus Ihren schlechten Erfahrungen gute Lehren ziehen, drehen Sie denen, die Ihnen nicht glauben, eine Nase. Das haben viele Zweidrittler allerdings schon anders probiert. Sie haben Macht aufgebaut und nutzen diese, um sich zu schützen.

Das Zeichen deiner Macht ist, dass du das Zeichen der Macht loslässt

Mose wandte ein: „Die Israeliten werden mir nicht glauben und nicht auf mich hören. Sie werden sagen: ‚Der Herr ist dir gar nicht erschienen!'" Da fragte ihn der Herr: „Was hast du da in der Hand?" „Einen Stab", erwiderte Mose. „Wirf ihn auf den Boden!", befahl der Herr. Mose gehorchte, und sofort verwandelte sich der Stab in eine Schlange. Voller Entsetzen lief Mose weg. Der Herr aber forderte ihn auf: „Pack die Schlange beim Schwanz!" Mose griff nach ihr, und sie wurde in seiner Hand wieder zum Stab. Der Herr sagte: „Tu dies vor den Augen der Israeliten! Dann werden sie dir glauben, dass ich, der Herr, dir erschienen bin, der Gott ihrer Vorfahren, der Gott Abrahams, Isaaks und Jakobs."

Und dann gibt Gott dem Mose einen Stab. Erinnern Sie sich? Mose hat einmal jemanden erschlagen. Wahrscheinlich mit so einem Stab, einer Waffe. Jetzt bekommt er also die ‚alte Waffe' wieder in die Hand.

Doch die wirkliche Macht dieses Stabes entfaltet sich erst, wenn er diesen loslässt.

Auch die Erinnerungen und Traumata vergangener Tage sind Macht geworden. Viele haben sich materialisiert in Statussymbolen: Mein Haus, mein Auto, meine Familie. Viele sind zur Macht durch Engagement oder durch Verweigerung geworden. Wer viel macht, hat Macht. Wer nichts macht, hat auch Macht. Den Laden durch Nichtstun aufzuhalten ist eine Übung, die viele ‚drauf haben'. Im Arbeitsalltag halten leider gerade die Zweidrittler gerne einmal den Laden auf, weil sie mit ihren alten Verletzungen einfach nicht durch sind. Sie verweigern sich: Einer Autorität, einer Entscheidung, einem für sie beängstigenden Veränderungsprozess … Wer nichts macht, hat Macht.

Die Generation der Babyboomer nimmt allerdings Therapie und Seelsorge mehr in Anspruch als irgendeine Generation zuvor. Auch da entsteht häufig eine Art von Macht: Menschen lernen ihre wunden Punkte kennen und gehen ihnen bewusst aus dem Weg. Menschen lernen in vielen Therapien leider immer noch, dass es gut ist, wenn es ihnen gefühlsmäßig gut geht. Häufig kommen die „Machtspiele" dabei gar nicht als das zur Sprache, was sie sind: Ein Festhalten an den alten Festlegungen. Wenn sie wirken, sind sie gut. Wenn man sich dabei gut fühlt, sind sie gut.

Für Zweidrittler ist es nötig, sich ganz bewusst mit Macht und Status auseinanderzusetzen. Mose muss zuerst den Stab aufnehmen.

Für Zweidrittler ist es nötig, ganz bewusst unterscheiden zu lernen zwischen dem, was sie brauchen, und dem, wovon sie abhängig sind.

Die „Mose-Übung" für Zweidrittler: Nehmen Sie die

Macht, die Sie durch Statussymbole, durch Engagement oder durch Verweigerung leben, bewusst in die Hand.

Und dann lassen Sie sie los.

Die Gefährlichkeit der Macht

Als Mose den Stab, die alte Waffe loslässt, da erkennt er erst, wie gefährlich sie ist. Der Stab wird zur Schlange. Die Schlange steht schon immer für Macht: Sie kann Symbol des Bösen sein und Symbol der Rettung, sie kann die Heilkraft und den Tod verkörpern.

Mose hat bisher den Stab einfach nur benutzt. Jetzt soll er ihn bewusst einsetzen. Deshalb soll er nicht einfach nur entsetzt die Finger von so etwas lassen.

Du sollst den Stab wieder aufnehmen

Das ist mir erst beim Schreiben deutlich geworden: Als Zweidrittler soll Mose die Macht, den Stab, nicht nur loslassen, sondern ihn auch wieder aufnehmen!

Es geht nicht darum, einseitig auf Macht zu verzichten. Es geht darum, Macht richtig einzusetzen. Sie muss nicht mehr Schutz sein.

Da liegt das geistliche, das spirituelle Prinzip: Gott will und kann gerade unsere durchlittenen Schwächen, die aufgegebene und dann wieder neu empfangene Macht gebrauchen und unterstützen, um andere in die Freiheit zu führen.

Lass los und pack zu

Zweidrittler haben in vielerlei Hinsicht Macht. Durch das, was sie haben, was sie sind und wie sie geworden sind, durch Lebenserfahrung und Übersicht, aber auch durch lang eingeübte Begrenzungen.

Am Anfang steht die realistische Frage: „Was ist, wenn sie mir nicht glauben?“ Am Anfang stehen die schlechten Erfahrungen der Vergangenheit. Mose lernt es, die Macht anzuschauen, die er bereits hat. Und er lernt, diese Macht loszulassen. Er sieht die Gefährlichkeit der Macht und er kann neu zupacken und wird diese veränderte Macht in Zukunft anders einsetzen.

Das hört sich nach einem längeren Weg an und das ist es auch. Ein Weg, für den sich Zweidrittler Gottes Hilfe suchen können und oftmals sicher auch kompetente menschliche Beratung.

Was darf es dich kosten?

Gott gibt Mose noch zwei andere Möglichkeiten mit, seine Macht zu zeigen. Zunächst soll Mose seine Hand in den Umhang stecken, den er trägt. Als er sie wieder hervorzieht, ist sie von einem weißen Ausschlag überzogen.

Was als Zeichen für die Ägypter gedacht ist, ist aber zunächst ein Zeichen für Mose. Die Ägypter werden ihn fragen, was er selbst bereit ist einzusetzen, um sein Ziel, die Befreiung der Israeliten, zu erreichen. Mose ist noch weit davon entfernt, das überhaupt als sein eigenes Ziel zu sehen. Wenn er aber dieses Ziel verfolgt, dann soll er wissen, dass die Macht, die er bekommt, seinen eigenen Einsatz kosten wird. Es ist seine eigene Hand, die krank und verfault an seinem eigenen Arm hängt. Und er soll wissen, dass er von Gott abhängig bleibt. Es ist verliehene Macht, die er hat. Wenn er den Arm wieder in den Umhang steckt, dann wird er sie geheilt und schön wie zuvor wieder herausziehen. Wenn Gott will …

Was darf dich selbst die Veränderung kosten? Bist du bereit, dich selbst einzusetzen? Das ist auch einmal mehr die Frage danach, ob der Zweidrittler jammern oder leben will.

Was darf es andere kosten?

Einen dritten Machtbeweis gibt Gott dem Mose noch mit. Wenn Mose nicht weiterkommt, dann soll er Wasser aus dem Nil schöpfen und es anschließend auf den Boden schütten. Dann wird es sich in Blut verwandeln.

Das ist ein weiteres Zeichen, das für die Ägypter gedacht ist, das aber Mose zu denken geben soll. Die Drohung in dem Zeichen ist klar. Wenn die Ägypter die Israeliten nicht frei lassen, dann wird der Nil, der die Lebensader des ganzen Landes ist, sich in Blut verwandeln. Aus Leben wird Tod werden.

Für Mose heißt das auch: Es wird kein bequemer Weg, den du gehst. Auch nicht für die anderen um dich herum. Sie werden auf Gewohntes verzichten müssen, sie werden dich als Bedrohung erleben. Sie werden nicht nur begeistert sein von dem, was du willst und tust.

Was es kosten darf

Lass los und pack zu. Das ist nicht leicht dahin gesagt, weil es gut klingt. Der Umgang mit Macht und Ohnmacht und neu gewonnener Macht hat Auswirkungen. Wenn Zweidrittler Vorbehalte gegenüber dem Neuen haben, das kommen könnte, dann hängt das auch mit der Frage zusammen, was sie sich selbst und anderen zumuten wollen. Jede Veränderung wird Auswirkungen haben.

Du bekommst, was du brauchst

„Ich habe noch nie gut reden können – und das hat sich auch in den Wochen und Monaten nicht geändert, in denen ich jetzt mit dir im Gespräch bin, Gott."

Bis jetzt hat Mose die Sache mit dem Reden-Können ja gar nicht schlecht gemacht. So wie viele Männer um die 50 sich eigentlich auch ganz gut ausdrücken können. Sie können auch andere Dinge ganz gut. Aber sie stapeln häufig tief. Selbst wenn man etwas gar nicht schlecht macht. Andere können es besser. Vielleicht liegt es ja an der Masse der Babyboomer, dass es immer solche gibt, die das, was man selbst gut kann, noch besser können.

Man sagt: „Ich spiele Tennis, aber nicht professionell." Das ist nicht Bescheidenheit, sondern der Hang, sich selbst vom Defizit, vom Mangel, vom Nicht-Perfekten her zu beschreiben. Bei nachfolgenden Generationen, so scheint mir, ist dieser Hang viel weniger ausgeprägt.

Vielleicht ist es aber auch ein speziell in Deutschland auftretendes Problem, dass wir das Glas zuerst halb leer sehen. Die Deutschen wachsen, so habe ich das irgendwo einmal aufgeschnappt, immer schon zweisprachig auf: Sie können immer Deutsch und als zweite Sprache Jammern.

Sich von den Defiziten her zu definieren heißt aber, immer noch in einer begrenzten Realität zu leben. Es geht natürlich nicht darum, die Realität langsam schwindender Kräfte zu verdrängen oder schönzureden. Es geht darum, diese Realität zu ergänzen und damit realistischer zu werden. Angeblich lernen älter werdende Menschen schlechter als junge. Das ist nur bedingt wahr. Wenn es gelingt, die bisherigen Erfahrungen für Verknüpfungen zu nutzen, kann zum Beispiel viel schneller Wissen erworben und eingeordnet werden.

Hinter dem Zögern von Mose und uns Zweidrittlern steckt aber häufig auch das alte Absicherungsdenken: Erst wenn ich alles zusammen habe, erst wenn ich sicher weiß, dass ich nicht scheitern kann, dann setze ich mich in Bewegung.

„Ich bin der Herr über das Reden!"

Es ist das erste Mal, dass Gott tatsächlich etwas ungehalten reagiert. Mose will sich absichern, statt auf Gott zu vertrauen. Er wartet wieder, bis er scheinbar alles unter Kontrolle hat. Diese Sicherheit, diese Vorstellung von Lebenskontrolle ist aber von vornherein Illusion.

Es gibt in der Tat etwas, das uns sicher macht. Allerdings tut es das nicht im Sinne von: Es kann nichts mehr passieren. Es macht uns sicher im Sinne von: Wen Gott beauftragt, den befähigt er auch.

Mit diesem Gottvertrauen, dieser Gelassenheit sollen wir die eigenen und die Veränderungen der Gesellschaft leben. Das erwartet Gott. Und wenn wir diese Gelassenheit, dieses Gottvertrauen einüben, dann entlastet uns das.

Trotzdem noch einmal zurück zum Argument von Mose. Er kann sich sprachlich nicht gut genug ausdrücken, so könnte man sagen, um von Gott einen Auftrag zu übernehmen. So empfinden heute viele Männer auch, wenn es um ihre Spiritualität geht. Kirche und Reden, Glaube und Sprachfähigkeit scheinen heute in Deutschland untrennbar miteinander verknüpft zu sein. Jedenfalls scheint es für Menschen, die „nicht so gut zu Fuß sind mit der Zunge", sehr schwer in und mit der Kirche überhaupt etwas bewegen zu können. Ohne solche Sprachfähigkeit überhaupt auch nur einen Zugang zum Glauben zu finden, wirkt geradezu unmöglich. „Das Wort" ist es, spätestens seit Luthers Zeiten, das die Vorherrschaft in der Kirche hat. Kirchengemeinden täten gut daran wieder zu lernen, dass das Wort immer Fleisch wird und die Herrlichkeit Gottes immer erfahrbar wird für den ganzen Menschen. Das heißt, dass es Ausdrucksweisen gibt, die jenseits wohlgeschliffener Worte ebenfalls Glaube sind: Die Tat, das Lachen, die Hilfe, die von Herzen kommt, um nur ein paar zu nennen, in denen wir Männer gut sind.

Du bekommst, was du brauchst

Gott sagte: „Ich werde dir helfen und dir sagen, was du reden sollst."

Du bekommst, was du brauchst! Ich bin ja da. Lass dich darauf ein. Warte nicht, bis du alles selbst im Griff hast. Gelassenheit ist angesagt. Nicht ‚herumstehen und jammern', sondern ‚losgehen' und von Gott das erwarten, was einem selbst noch fehlt. Nicht das Defizit sehen, sondern auf den vertrauen lernen, der sagt: „Ich bin da".

Was wohl wäre, wenn Zweidrittler sich wirklich darauf einlassen würden? Wenn sie versuchen würden, das Richtige zu tun und losgingen? Was wohl wäre, wenn sie nicht versuchen würden, alles im Griff zu haben, sondern große Schritte in eine neue, eine herausfordernde Zukunft machen würden?

Lass dich überraschen

„Nimm es mir nicht übel, aber: Schick einen anderen!"

Moses fünfter und letzter Versuch, den Neustart ins letzte Drittel seines Lebens zu verhindern, sieht im ersten Moment aus, wie das alte Muster, dass er schon immer gelebt hat: Er flieht einmal mehr. Er geht der Verantwortung aus dem Weg.

Doch der Schein trügt. Dem alten Muster würde entsprechen, sich einfach zu verdrücken, ohne ein Wort darüber zu verlieren. Das tut Mose nicht.

Er bleibt in der Beziehung zu Gott. Er sucht die Konfrontation. Die ‚Realitäten' sind ja auf seiner Seite, immer noch. Die Zukunft, die Gott ihm ‚bietet' ist nicht sehr verlockend. Warum sollte ausgerechnet er der Pionier sein? Sollen doch andere vorangehen. Nein, er will nicht. Die meisten der Babyboomer werden als Zweidrittler sagen: Das will ich nicht. Ich will nicht verantwortlich sein für die ‚vergreisende Gesellschaft', will nicht zuständig sein für neue Lebensformen …

Ich will nicht! Such dir einen anderen. Das ist letztlich immer wieder die urgeschichtliche Aussage: Ich weiß es besser. Ich weiß besser als Gott, was gut für mich ist.

Da schwingt die Sorge mit, Gott könnte es eben doch nicht gut mit ihm meinen. Da schwingt die Sorge mit, in Situationen zu kommen, in denen es nur noch Untergang gibt.

Da wurde der Herr zornig auf Mose

Gott wird nun wirklich zornig. Ich glaube allerdings, dass der Grund dafür nicht ist, dass Mose immer noch nicht will, was Gott will. Der Grund ist nicht, dass Mose sich immer noch davor scheut, in eine Zukunft zu gehen, die ihm Sinn und tiefe Befriedigung geben wird. Der Grund ist, dass ihm, Gott, seine Überraschung, die er für Mose vorbereitet hat, kaputt gemacht wird.

Es wäre möglich für Mose, die Situation als eine einmalige Chance zu begreifen, aus den Festlegungen zu entkommen. Eine Möglichkeit, sich ganz neu einzusetzen und Freiheit zu bewirken.

Gott hat sogar noch eine Überraschung vorbereitet. Aaron, der Bruder von Mose, ist bereits unterwegs, auf der Suche nach Mose. So wie Mose auf dem Weg in einen neuen Lebensabschnitt. Welche Überraschung wäre das gewesen! Aaron kann reden. Gott hat schon lange vorgesorgt! Gott ist zornig auf Mose, weil der ihn zwingt, seine Überraschung platzen zu lassen. Wie langweilig!

Lass dich überraschen

Lass dich überraschen! Die Überraschung gelingt nur, wenn wir losgehen, bevor wir nach allen Seiten abgesichert sind.

Dann allerdings werden wir merken, dass schon viel mehr Menschen unterwegs sind. Und einige von ihnen kommen uns entgegen, um uns zu unterstützen!

Das Leben der Zweidrittler wird nicht leichter, wenn sie es neu gestalten. Aber es wird tiefer. Die Anfangsschwierigkeiten hängen häufig damit zusammen, dass andere überrascht sind, weil sie sich ebenfalls auf Neues einstellen müssen. Zweidrittler müssen zuerst lernen, auf die richtigen Menschen zu hören, und dann immer weiter zu lernen.

Einfacher, aber nicht leicht

Mit 50 haben Sie noch ein Drittel Ihres Lebens vor sich. Wenn Sie sich entscheiden, dieses Drittel bewusst zu gestalten, dann wird die Lebenszeit, die noch vor Ihnen liegt, einfacher. So wie ich es sehe, finden Sie mehr Sinn, mehr Spaß an der Arbeit, mehr Gelassenheit in Geldangelegenheiten, mehr Glück in verlässlichen Beziehungen und eine stabilere Gesundheit.

Der Haken an der Sache ist das „bewusst gestalten". Und nicht zuletzt die Reaktion darauf.

Spiritualität

Zweidrittler tasten sich auf dem Gebiet der Spiritualität häufig erst langsam nach vorne. Die Beziehung zu Gott ist eine Beziehung, kein neues Gedankengebäude. Sie müssen nicht alles schlüssig begründen können. Es gibt noch eine Menge zu lernen. Wie in jeder Beziehung.

In einigen älteren Trauversprechen werden Braut und Bräutigam gefragt, ob sie den anderen „haben und halten" wollen. Ich finde das eine wunderbare Ausdrucksweise für jede Art von Beziehung. Den anderen zu „haben" ist nur ein Teil einer gelingenden Beziehung. Ihn zu „halten" ist eine andauernde Herausforderung. In jeder Beziehung. Auch in der Beziehung zu Gott ist das so. Spiritualität ist eine

Lebenseinstellung, die Gott in jeden Bereich des Lebens einbezieht. Wenn Sie sich für ein Leben mit Gott entschieden haben, wenn Sie „Ja" sagen zu ihm, dann ‚haben' Sie Gott. Ihn und diese Beziehung zu halten, das fordert den Menschen – mehr und mehr – in allen Lebensbereichen.

Das war schon bei Mose so und das ist bis heute nicht anders.

Wer mit dem Gott der christlich-jüdischen Tradition leben will, muss zum Beispiel „Wahrheit" neu definieren: Wahrheit ist nicht mehr eine Sichtweise und Deutung von Fakten. Wahrheit ist auch nicht ein aus der Situation entstehendes, flüchtiges Wahrnehmen. Die Wahrheit des christlichen (und des jüdischen) Glaubens ist Beziehung. Sie ist Person. Von Jesus wird überliefert, dass er gesagt hat: „Ich bin der Weg, die Wahrheit und das Leben" (Johannes 14,6). Wahrheit, Echtheit, Sinn „ergibt" sich in dieser Beziehung. Wer die Person ‚Gott', den „Ich-bin-da" hat, der hat Sinn. Wahrheit ist nicht mehr etwas, das wir aus Fakten konstruieren, sondern etwas, das wir erfahren, wenn wir mit Gott, mit Jesus leben. Echtheit ist da, weil ich mich vor einem allwissenden Gott nicht verstecken muss.

Wie kann der Zweidrittler Gott nicht nur haben, sondern auch halten? Wie können da die nächsten Schritte aussehen? Wie pflegt der Zweidrittler die Beziehung zu Gott?

Mit Gott eine große und zugleich konkrete Vision suchen

Mit Gott eine große und zugleich konkrete Vision suchen, das war ja ein wichtiges Thema der Seiten, durch die Sie sich durchgearbeitet haben. Ob Sie schon auf diese Vision gestoßen sind? Ob Sie womöglich darauf gestoßen wurden? Hier will ich als erste Anregung die drei wesentliche Punkte hervorheben, die in diesem kleinen Satz stecken: ‚Mit Gott eine große und zugleich konkrete Vision suchen'.

„Mit Gott"

... das ist der erste Punkt. Natürlich können Visionen und Pläne auch ohne ihn gemacht werden. Und manchmal fängt jemand auch mit Gott an, Pläne zu machen, aber das verflüchtigt sich dann schnell. Wer mit Gott nach der Vision sucht, verlässt die Festlegungen; die eigenen und die der anderen.

„Eine große Vision"

... das ist der zweite Punkt. Kleine Visionen wie den Wohnwagen direkt an der Adria oder an einem schwedischen See, die haben viele Menschen. Große Visionen sind Visionen von der Befreiung. Wer solche Visionen hat, der weiß, dass er etwas hat, für das es sich zu sterben lohnt. Und damit auch: zu leben lohnt.

„Eine konkrete Vision"

... das ist schließlich der dritte Punkt. „Die versklavten Völker der Welt befreien" wäre zwar eine zweifelsohne große, aber keine konkrete Vision für Mose gewesen. „Das hebräische Volk in Ägypten innerhalb der nächsten zwei Jahre aus Ägypten befreien", das ist eine konkrete Vision. So eine Vision zu suchen, das wäre zum Beispiel ein nächster Schritt im „Haben und Halten" der Beziehung zu Gott.

Im Gespräch bleiben

Ein weiterer Schritt wäre es, mit Gott im Gespräch zu bleiben. Beten heißt das. Sich Zeit nehmen dafür, mit Gott zu sprechen. Und, genauso wichtig: Gott zu Wort kommen lassen. Eindrücke, Seltsames, Wegweiser wahrnehmen und vielleicht auch notieren, damit sie nicht verloren gehen. So könnte der Zweidrittler die Beziehung zu Gott pflegen. Reden. Einfach Gespräche führen mit Gott. So wie am Dornstrauch. Ehrlich sein. Und ehrlich hören.

Etwas „in Erfahrung bringen"

Bei Menschen, die wir kennen lernen und interessant finden, fragen die meisten von uns nach: Wie war das früher bei dir? Was ist dir wichtig? Was schmeckt dir?

Wir machen so Erfahrungen mit dem Anderen. Wenn wir seinen Lebenspartner kennen lernen, seine Verwandtschaft oder andere Freunde von ihm, dann machen wir ebenfalls Erfahrungen mit ihm. Wir bringen etwas „in Erfahrung". Das geht bei Gott auch. Wer Bibel liest, bringt etwas über Gott in Erfahrung. Mose, Josua, Petrus, die Schwestern Maria und Marta, Paulus oder Matthäus – das sind die Verwandten und Freunde Gottes. Die Berichte der Bibel erzählen etwas von seiner Geschichte und ergänzen unsere eigenen Erfahrungen mit ihm. Wer mit anderen Gläubigen unterwegs ist, macht dieselbe Erfahrung: Sie kennen Gott manches Mal von einer etwas anderen Seite. So wie die Arbeitskollegen eines Freundes, die ihn in einem anderen Rahmen erleben als ich.

Das ist einer der Gründe, warum Gottesdienste und authentischer Austausch über Gott einfach wichtig sind. In Gottesdiensten können Sie manches über diese alten Freunde Gottes und damit auch über Gott erfahren. Authentischer Austausch mit anderen Menschen über Gott, etwa in einer Bibelgruppe oder einem Gesprächskreis, lassen Sie teilhaben an dem, wie diese anderen Gott erleben.

Aus der Mitte und mit Gelassenheit handeln

Bei allem Suchen nach der Vision, bei allem Reden mit Gott und dem Reden über ihn: Es braucht die Tat. Zweidrittler haben genug Lebenserfahrung, um zu wissen, dass Reden ohne Taten einfach tot ist. Was nützt ein Glaube, eine Überzeugung, eine Haltung, wenn sie nicht zur Handlung werden? Männliche Spiritualität ganz allgemein, aber vor allem die der Zweidrittler, zeigt sich darin, dass wir aus der neu gewonnenen Mitte handeln. Was wir tun, bekommt einen Bezug zu den Erfahrungen am Dornstrauch. Der „Ich-bin-da" ist die Mitte. Und wir handeln mit Geduld. Wir schlagen niemanden mehr tot in gerechtem Zorn. Wir lassen Gott zum Zug kommen. So pflegt der Zweidrittler die Beziehung zu Gott. Er handelt mit ihm als Mitte und mit Gelassenheit und Gottvertrauen.

Arbeit und Finanzen

Arbeit und Geldmittel können einen ganz neuen Stellenwert bekommen, wenn Zweidrittler von einer neuen Mitte aus leben. Gottvertrauen und Gelassenheit, Sinn und tiefe Beziehungen sind eine ganz andere Art von „Gewinn" für ein Leben im dritten Drittel des Lebens. Nur: Gehen Sie nicht davon aus, dass jeder das verstehen wird. Wenn Sie sich entscheiden, sich beruflich zu verändern, ziehen Sie sich also schon einmal warm an.

Dabei ist es ja noch nicht einmal gesagt, dass ihre Veränderung finanzielle Einbußen nach sich zieht! Ich jedenfalls will Sie nicht darauf festlegen. Jede Veränderung hat aber auch die Möglichkeit zu scheitern.

Der Gewinn, der sich aus der Veränderung ergibt, lohnt sich. In jedem Fall. Sie selbst sind dieser Gewinn. Jesus fragt einmal: „Was nützt es einem Menschen, wenn er die ganze Welt gewinnt, aber Schaden nimmt an seiner Seele und sich letztlich selbst verliert?" (Matthäus 16,26)

Es ist wahr, dass wir aus den Zeiten heraus sind, in denen wir erwarten können, dass die monatlichen Bezüge mit zunehmendem Alter ebenfalls zunehmen. Es ist ebenfalls wahr, dass Zweidrittler nur in Ausnahmefällen ganz oben auf der Liste der meisten Headhunter und Personaler stehen werden.

Es ist ebenfalls wahr, dass wir es nie wissen werden, wenn wir es nicht probieren.

Vergessen Sie Stockdale nicht

Es war eine kleine Filiale der Hamburger Sparkasse, in der ich mein Girokonto für die Zeit des Studiums eröffnen wollte. Ich war kritisch, ob ich überhaupt ein Konto bekommen würde, denn ich konnte für die nächsten Jahre noch nicht sagen, wann, wie viel und ob überhaupt Geld auf dieses Konto eingehen würde. Immerhin hatte ich einen kleinen Betrag von einem Konto aus Süddeutschland zu übertragen. Der Kundenberater machte mir das Angebot, zeitgleich ein Sparkonto zu eröffnen und jeden Monat einen Festbetrag auf dieses Konto überweisen zu lassen. Dafür gab es damals ein Angebot mit festen Zinsen. „Da müsste man blöd sein, wenn man das nicht macht“, sagte der Berater. Ich war so blöd. Denn ich war realistisch. Wenn so ein Betrag monatlich von meinem Girokonto abgehen würde, dann würde mich das sehr wahrscheinlich ruinieren, weil der Zugriff auf das Sparkonto nicht zu jeder Zeit erfolgen konnte.

Der Berater hatte es sicher gut gemeint. Aber ‚blöd' war nur sein Vorschlag, der an der realen Situation vorbei ging. Solche Berater werden Sie häufig antreffen. Menschen, die wissen, was ‚normal' ist. Die einen werden Sie warnen vor den Risiken. Die anderen werden ihnen völlig überzogene, optimistische Fantasien einreden wollen.

Gute Berater werden Sie an das Stockdale-Paradox erinnern: Die Realität so brutal sehen wie sie ist und gleichzeitig mit Hoffnung vorwärts gehen.

Wenn Sie sich verändern wollen, dann ist das mit einem

Risiko verbunden. Das ist die Realität. Wenn sich Ihre regelmäßigen Einnahmen verringern, dann wird das Ihren Lebensstil verändern müssen. Wenn Sie zusätzlich zu Ihrer Erwerbsarbeit eine ehrenamtliche Arbeitswelt ‚erobern', dann wird das Zeit, Energie und Kraft kosten. Das wirkt sich ziemlich sicher auch auf die Erwerbsarbeit aus. Wenn Ihr Geld sowieso gerade mal eben zum Überleben reicht, dann haben Sie allen Grund dazu, Ihre Pläne sehr kritisch anzuschauen.

Zweidrittler, die es ‚schaffen' wollen, brauchen diesen Sinn für die Realität. Und sie brauchen – gleichzeitig – die Hoffnung, mit der sie leben und für die sie sich einsetzen.

Definieren Sie, was für Sie Gewinn ist

Es kann sein, dass Sie „auf Ihre alten Jahre" noch einmal so richtig Geld verdienen wollen. Und Sie haben auch schon eine Idee, wie das gehen soll und wofür das gut sein wird? Dann könnte das Ihre Definition von Gewinn sein.

Sie wissen genau, dass Sie noch etwas erreichen wollen: Sie wollen Menschen die Freiheit ermöglichen? Und Sie wissen auch schon, dass Sie das durch Ihren ehrenamtlichen Einsatz für Kinder tun wollen? Dann könnte Ihre Definition sein, dass Kinder die eigenen Gaben entdecken. Sie wollen Ihre Erfahrungen in einem Buch festhalten? Was ist dann der Gewinn?

Häufig ist es kein finanzieller Gewinn: Sie wollen Beziehungen vertiefen, Wissen an die nächste Generation weitergeben, sich selbst besser kennen lernen, innere Verletzungen ausheilen, eine Schuld begleichen? Da lässt sich sagen, was der Gewinn sein wird.

Egal, was es ist: Definieren Sie, was Gewinn für Sie ist. Sonst wirft Sie die erste Anfrage an Ihre neuen Lebenspläne schon aus der Bahn.

Definieren Sie, was Gewinn für Sie ist, dann können Sie

mit denen, die Sie in Mitleidenschaft ziehen, auch darüber sprechen. Ist das für sie ein Leiden, ein Mitleiden oder eine Leidenschaft, die sie mit Ihnen teilen?

Die Gewinn-Definition hängt natürlicherweise ganz eng mit dem Abschnitt „Mit Gott eine große und konkrete Vision suchen" zusammen.

Auf der Grundlage von Vision und Gewinndefinition können Sie Entscheidungen treffen. Und das müssen Sie sogar.

Treffen Sie Entscheidungen

Ob Sie eine Entscheidung getroffen haben, wird man Ihnen abspüren. Andersherum gilt das auch. Viele Menschen werden es sehen, wenn Ihre Entscheidung nicht gefallen ist. Wenn Sie „schwimmen".

Sich entscheiden heißt nicht, dass man alles schon überschaut und sich festlegt und davon nicht mehr abweicht. Aus solchen Festlegungen müssen Zweidrittler sich ja gerade frei machen! Also: Nicht neue Festlegungen.

Mir hilft es, „Entscheidungshorizonte" festzulegen. Vielleicht ist es Ihnen schon aufgefallen, dass ich in der Mehrzahl von „Entscheidungen" spreche und nicht von einer einzigen Entscheidung.

Es gibt Entscheidungen, die einen überschaubaren Bereich betreffen.

Es gibt Entscheidungen, die zeitlich etwas weiter greifen.

Es gibt Entscheidungen für die großen Ziele.

Diese einfache Unterscheidung hilft mir dabei, mich überhaupt zu entscheiden. Die erste und die dritte Ebene müssen klar werden. Die zweite Ebene ist relativ flexibel.

Wenn das große Ziel steht, dann kann ich – mit meinem heutigen Wissen und in der heutigen Situation – einen groben Plan machen: Wenn ich das Ziel noch zu Lebzeiten erreichen will, wenn ich den „Gewinn" noch genießen und sehen will, dann müsste ich – nach bestem Wissen und Gewissen – folgende Schritte gehen. Bei Mose heißt das: Er will sein Volk befreien und in ein neues Land führen, in dem es leben kann. Das ist sein großes Ziel.

Wenn er das herunterrechnet, dann muss er in Ägypten mit dem Pharao verhandeln. Bevor er das tut, sollte er sich ein Mandat von den Israeliten holen. Bevor er das tut, muss er überhaupt einmal in Ägypten sein. Das sind die Entscheidungen, die etwas weiter greifen und die er im Moment noch nicht so recht einschätzen kann.

Bevor er dort ist, muss er erst einmal sein Zeug verkaufen, die Reise planen, mit Menschen sprechen, sich verabschieden und schauen, dass er sicher ankommt. Das sind die Entscheidungen, die den überschaubaren Bereich angehen. Sie sind abhängig von dem, was man als großes Ziel hat. Sie sollten genug Möglichkeiten für die mittlere Ebene geben und noch nicht alles festlegen.

Die schlichte Unterscheidung der Entscheidungs-Ebenen oder Entscheidungs-Räume hilft mir, mich überhaupt zu entscheiden und mich dennoch nicht hundertprozentig starr festzulegen, was die weiteren Schritte angeht.

Bei Mose sehen wir das im weiteren Verlauf seiner Geschichte, dass er seine Reisepläne von Ägypten nach Kanaan ziemlich häufig ändern muss. Die Zwischenschritte verändern sich. Er darf durch einen Landstrich nicht durchwandern, das Volk rebelliert, die Ägypter haben gleich am Anfang auch etwas gegen die Ausreise der billigen Arbeitskräfte. Da muss er reagieren können. Das kann kein Mensch im Voraus planen.

Aber es gibt genug Dinge, die kann man planen. Bei denen sind Entscheidungen möglich. Das große Ziel, die Vision und die Definition von dem, was man „gewinnen" möchte, sollten entschieden sein. Und dann lassen sich unter Berücksichtigung der Zwischenschritte, die im Moment möglich erscheinen, Entscheidungen für die nächste Zukunft treffen.

Auch und gerade im Zusammenleben mit anderen ist solche „flexible Klarheit“ wichtig. Womit ich mich an den nächsten großen Lebensbereich herangearbeitet hätte, die Beziehungen.

Beziehungen: Netze knüpfen

Zweidrittler verändern sich nicht notwendigerweise mit der rücksichtslosen Verzweiflung, die Menschen in der Midlife-Crisis häufig an den Tag legen können. Gerade ein gut funktionierendes Beziehungsgeflecht ist ihnen mit Blick auf die Zukunft wichtig. Wenn sie vorwärtsgehen, gehen sie deshalb häufig nicht weg, sondern nehmen die anderen mit.

Zwei Dinge zum Thema Beziehungen sind es, die sich unter der Überschrift „Netze knüpfen“ verbinden lassen. Netze knüpfen heißt für mich einerseits, die Menschen einzubinden, mit denen man schon unterwegs ist. Es heißt für mich andererseits, neue Gefährten auszumachen. Das Besondere dabei ist, dass die einen die anderen kennenlernen sollen. Deshalb muss man die einen „mitnehmen“, wenn man zu den anderen geht. So entsteht ein Netz mit vielen „Knoten“, mit Verbindungen, die Halt geben.

Einbinden

An vielen Stellen ist es für Mose einfach nur wichtig, dass er anderen gegenüber ehrlich zu dem steht, was er nun tun will und wird. Sie verstehen es oder sie verstehen es nicht. Bei den Menschen, die er liebt, mit denen er befreundet ist, kommt noch eine weitere Aufgabe dazu. Er will sie ja gewinnen.

Wenn Sie als Zweidrittler tragende Beziehungen haben, wenn da Freunde und Gefährten sind, ein Partner und vielleicht ein väterlicher Freund, eine mütterliche Freundin, dann wollen Sie das nicht aufgeben. Die Veränderungen werden einige dieser Beziehungen aber auf eine harte Probe stellen. Nehmen Sie diese Menschen in Ihre Pläne mit hinein. Das heißt nicht unbedingt, dass diese Gefährten mitbestimmen, was Sie tun. Das heißt zuerst, dass sie ihnen sagen und sie spüren lassen, dass sie Ihnen wertvoll sind. Zeigen Sie Ihre Zuneigung und Ihre Liebe. Das ist für Männer nicht immer gewohnt.

Es beginnt da, wo Sie dem anderen Menschen das einfach einmal sagen: „Du bist mir wichtig." „Ich möchte mit dir befreundet sein und bleiben." Das bekommt einen hohen Stellenwert alleine dadurch, dass es so selten geschieht. Gute Beziehungen werden manchmal mit viel zu viel Selbstverständlichkeit vorausgesetzt. Klarheit und Offenheit, also ganz schlichtes Aussprechen von dem, was ist, helfen der Stabilität.

Noch einmal: Das heißt nicht, dass jeder dieser Menschen ein geeigneter Ratgeber sein wird! Einbinden bedeutet, dass Sie die Menschen in Ihr neues Leben mit hinein binden. Es kann nicht bedeuten, dass diese Menschen für Sie das Leben stricken, das Sie nun leben sollen.

Mitnehmen und verbinden

Sie werden sehr wahrscheinlich neue Beziehungen, neue Verbindungen schaffen, wenn Sie in das Leben ab 50 starten. Und wahrscheinlich kennen Sie auch das immer noch vorherrschende Modell von Beziehungen, das sich zum Beispiel bei Geburtstagsfeiern häufig zeigt. An einem Tag wird die Familie eingeladen, am anderen Tag ein paar

Freunde. Ausnahmen bilden häufig die „runden" Geburtstage. Wenn Sie ein Netz knüpfen, wäre es gut, solche Gelegenheiten wie Geburtstage, aber auch das ganz normale sommerliche Grillen zu ‚Knotenpunkten' für Ihr Netz zu machen. Schaffen Sie Verbindungen, in denen man sich kennen lernen kann. Schaffen Sie sich ein Zuhause, das unabhängig vom Ort ist. Nehmen Sie Menschen aus dem ‚alten Leben' mit in Ihren neuen Lebensteil.

Dass das auch der Gesundheit gut tut, werde ich versuchen, im nächsten, abschließenden Teil zu zeigen.

Gesundheit: Das richtige Maß finden

Ich habe verschiedentlich geschrieben, dass die Prognosen gut sind: Wir Zweidrittler der Babyboomer-Generation haben mit 50 vielleicht sogar noch mehr als ein Drittel unseres Lebens vor uns. Wenn wir das wirklich erleben und nicht nur erdulden wollen, dann sollten wir auf unsere Gesundheit achten. Dazu habe ich schon das ein oder andere gesagt. Unsere Sprache täuscht uns vor, dass wir einen Körper haben. Aber das stimmt nicht. Wir sind Körper. Der Schöpfer-Gott hat nach der Überzeugung der Bibel nicht nur unsere Seele erschaffen, sondern eine Einheit aus Körper und Seele, aus Wille, Verstand, Gefühl und Kraft. Nichts von alledem lässt sich wirklich unkörperlich verstehen. Wir sind Körper. Deshalb müssen wir auf unsere Gesundheit achten. Drei Dinge sind mir am Ende dieses Buches zum Thema Gesundheit noch einmal wichtig. „Das ganze Programm", das ist das Erste. „Anstrengung nach Maß", das ist das Zweite. Und „Unterstützung suchen, nicht Widerstand", das ist das Dritte.

Das ganze Programm

„Achte auf das, was du isst. Beweg dich genug. Hör nicht auf, dir Gedanken zu machen und sorge für einen Ausgleich, wenn du dich anstrengst!“ Diese Sätze können wir uns gar nicht oft genug zusprechen. Ernährung, Sport, Ruhepausen, Ausgleich, Abwechslung, Gehirnjogging. Das ganze Programm. Viel zu schnell versteifen sich gerade Männer darauf, dass sie doch immer noch in der Altherren-Mannschaft kicken, dass sie doch fettarm essen oder immer wieder mal wandern gehen. Aber es geht um das „ganze Programm“. Als ich mich mit einem Freund und dessen Frau über das Thema Leistungsfähigkeit von Männern in unserem Alter unterhalten habe, meinte sie, sie könne sich nicht beklagen und schaute ihm dabei intensiv zwischen die Beine. Wenn Sie wollen, können Sie das also gerne auch ins „ganze Programm“ aufnehmen.

Machen Sie sich einen Plan, wie Sie fit bleiben können oder wie Sie fit werden können. Sorgen Sie dafür, dass Sie auch als Mensch, der Körper ist, lang und glücklich leben können.

Anstrengung nach Maß

Das heißt bewusst, dass Sie Anstrengung eben gerade nicht aus dem Weg gehen werden. Erinnern Sie sich an die Einteilung der Altersstufen in GoGo, SlowGo und NoGo? Wir sind als Menschen darauf angelegt, unser Potenzial auszunutzen. Wenn wir darunter bleiben, wenn der gute Stress ausbleibt, dann rosten wir ein.

Strengen Sie sich an, dann leben Sie länger. Das ist kein neuer Gedanke, aber ein wichtiger. Sie werden häufig auf Menschen stoßen, die diesen Satz nicht unterschreiben würden. Ja, sie würden Ihnen sogar zu einem völlig anderen Lebensstil raten. Deshalb auch das „dritte Ding“, das mir am Ende des Buches zum Thema Gesundheit wichtig ist: Suchen Sie sich Unterstützung.

Unterstützung suchen

Suchen Sie sich Menschen, die Sie ernst nehmen in Ihrer Leistungsfähigkeit, in Ihrem Willen, in Ihrer Kraft, in Ihren Gefühlen, in Ihren Gedanken. Es ist schön, wenn man mit dem Nachbarn über den Zaun darüber reden kann, dass man sich jetzt – mit zunehmendem Alter – auch einmal zurücklehnen kann. Das ist Smalltalk. Aber es hält unter Umständen auch auf. Es ist wunderbar, wenn die Kollegin sagt: „Du bist doch nicht dick!" Aber sie sagt es vielleicht, weil sie höflich ist. Ihre Freundlichkeit ist Widerstand gegen die Veränderung. Es ist wunderbar, wenn ein Arzt Verständnis zeigt und Ihnen sagt, dass Joggen wegen des Zustands der Knie nicht mehr die richtige Sportart ist. Aber er soll auch sagen, was die richtige Sportart sein könnte. Er soll Sie unterstützen und nicht in Ihrer Bequemlichkeit bestärken.

Deshalb suchen Sie sich bewusst Menschen, die ehrlich mit Ihnen sind. Suchen Sie solche, auf deren Rat sie vertrauen können und von denen Sie sich auch etwas sagen lassen.

Für mich ist es notwendig geworden, einzelnen Menschen sogar zu sagen, dass ich ihren Rat nicht mehr will. Sie versuchen immer wieder, mich im Durchschnittlichen zu halten. Ein schlichtes Beispiel: Es gibt freundliche Menschen, die betonen, dass auch andere Männer einen Bauch haben und dass im Alter innere Werte mehr zählen als das Aussehen. Sie nehmen mich da nicht ganz ernst.

Deshalb suche ich mir Menschen, die mich unterstützen. Die müssen mir dann auch nicht unbedingt sagen, dass ich fett bin. Aber sie dürfen mir gerne sagen, wenn sie den Eindruck haben, dass ich wieder zugelegt habe. Es sind Menschen, die mich ernst nehmen in meinen Entscheidungen und mich daran erinnern: „Wolltest du nicht auf den fetten Käse verzichten?"

KEIN SCHLUSSWORT, SONDERN EIN WUNSCH

Während ich an diesem Buch geschrieben habe, bin ich selbst älter geworden und der 50-Jahre-Marke näher gekommen. Mehr noch als vor 5 Jahren, als ich das Buch begonnen habe, wünsche ich mir, dass wir Männer der Babyboomer-Generation, wir Zweidrittler, aufbrechen.

Ich bin fest davon überzeugt, dass wir, realistisch gesehen, schwere Zeiten vor uns haben. Und ich bin fest davon überzeugt, dass wir uns, das Leben und sogar unsere Welt verändern können.

Gott ist da. Er ist an unserer Seite und wir sollen an seiner Seite sein.

Und ich wünsche mir, Ihnen und der Welt, dass das wahr wird.

Es ist mir bewusst, dass auch ein frommer Wunsch zum Schluss nicht alles sein kann. Auf www.moseprojekt.de kann es weitergehen. Dort finden Sie Anregungen und Geschichten, die nicht mehr in dieses Büchlein gepasst haben. Männer tauschen sich über ihre Erfahrungen aus, es ist Platz für Ihre Geschichten vom Gelingen oder auch Nicht-Gelingen im Zweidrittler-Alltag. Sie finden dort Hinweise auf Bücher, Filme und andere Mut-Macher und können selbst solche Hinweise geben. Gehen Sie doch einfach mal ins Netz. Vielleicht ist das ja ein erster Schritt auf einem neuen Weg.